女孩的第一本口才攻略书

NvHai De DiYiBenKouCai GongLueShu

■ 赵英凯◎编著

中国纺织出版社

内 容 提 要

口才，是一个人社交能力的体现，更是一个人拥有良好人际关系的重要条件。对于女性来说，字字珠玑、舌灿莲花的口才，不仅能为个人形象锦上添花，更是幸福生活和成功事业的重要保障。

本书从多个角度出发，从情景实例到经典案例，从口才技巧到社交攻略，以理论与实际相结合的方式详细地叙述了各种口才攻略在实际生活中的应用，帮助女孩不断提升口才技艺，获得事业与生活的双丰收。

图书在版编目（CIP）数据

女孩的第一本口才攻略书 / 赵英凯编著.--北京：中国纺织出版社，2018.4（2023.1 重印）
ISBN 978-7-5180-4839-7

Ⅰ.①女… Ⅱ.①赵… Ⅲ.①女性—口才学—通俗读物 Ⅳ.①H019-49

中国版本图书馆CIP数据核字（2018）第055773号

责任编辑：闫 星　　特约编辑：李 杨　　责任印制：储志伟

中国纺织出版社出版发行
地址：北京市朝阳区百子湾东里A407号楼　邮政编码：100124
销售电话：010—67004422　传真：010—87155801
http：//www.c-textilep.com
E-mail：faxing@c-textilep.com
中国纺织出版社天猫旗舰店
官方微博http：//weibo.com/2119887771
佳兴达印刷（天津）有限公司印刷　　各地新华书店经销
2018年4月第1版　　2023 年 1 月第 3 次印刷
开本：710×1000　1/16　印张：13
字数：196千字　定价：36.80元

前言

有人说："女人可以没有美丽的脸庞，没有美丽的智慧，但一定要有美丽的口才。"相信在不断的成长与实践中，很多女孩已经意识到：在人际交往中，良好的沟通是打造良好人际关系的基础；而优秀的语言表达能力，则是实现有效沟通的前提。

在现代的社会交际中，一个人口才的好坏，对其人际关系的影响日益加重。在这个快节奏、重压力的年代，很多人对于他人的第一印象或是初期印象，往往都是根据自己的主观印象匆匆断定的。而这个主观印象的组成，通常就是初次见面时对方的仪表与谈吐。

随着社会的发展，文明的进步，当代女性的自我意识不断觉醒。越来越多的女性更加意识到自己在社会与家庭中的角色与责任，并主动投身到社会建设、职业发展、家庭维系的努力与拼搏中。日益提高的生活水平，让女性拥有更多装点自己的机会与权利。然而，很多女性在全力以赴地修饰自己的妆容、选配自己的服饰时，却忽略了人际沟通的重要载体——口才。

口才，不仅影响着人们对你的初期印象，更是与你日常工作和生活中的人际关系有着至关重要的联系。一个会说话的女孩，不一定是个相貌美丽的女孩，不一定是个穿着考究的女孩，但她一定会是个魅力四射的女孩，一定是个人们都愿意与之交往的女孩。

很多女孩心中都会以某位成功女性作为自己的榜样，以此来鞭策自己、鼓励自己。而纵览这些古今中外的女性楷模，她们大多拥有能言善辩、字字珠玑的好口才——当然，这并不表示不善言谈之人就难以获得成功，只是，他们通常需要比口才好的人付出更多的努力。因为，只有拥有优秀的口才，才能让你更加清晰透彻地表达自己，才能让你更加信手拈来地暖人心田，才能让你更加优雅从容地应对生活中的那些突如其来、那些风霜雨露。

本书引用了大量古今中外的名人轶事，也讲述了许多发生在日常生活中的典型事例，并在这些案例的基础上，一一为读者展开剖析。从初次见面到日常交际，从不同场合到不同对象，从赞美他人到表达自己，从委婉拒绝到适当批评，从学会倾听到善于求人，从合理竞争到巧妙说服，从小范围的“笼络人心”到大场面的精彩演讲……书中所涉猎的每一个角度、每一种技巧，都以培养女孩口才为目的，采用浅显、生动的语言娓娓而谈，令读者朋友能够在轻松惬意的阅读中理解口才之道、掌握口才之法，从而令本书的价值得以最大化地体现。

在编纂本书的过程中，笔者参考并借鉴了众多文献典籍和其他学者、专家的著作，在这里，向他们致以最真挚的感谢。此外，囿于笔者有限的水平，书中不免会出现错漏之处，敬请广大读者朋友批评指正。

最后，笔者真诚地希望每一位阅读此书的女孩都能够心有所得、意有所获，成为口齿伶俐、谈吐有方的魅力女孩；在今后的工作与生活中，凭借优异的口才赢得众人的欣赏，收获美满的人生。

编著者

2018年1月

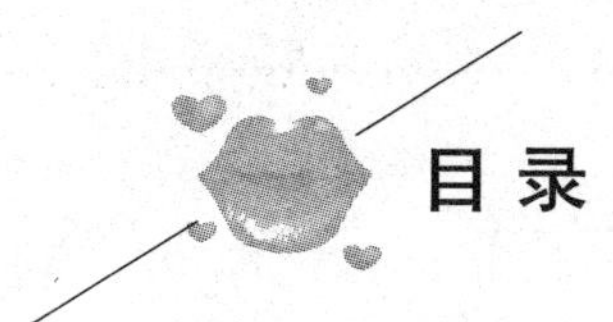

目 录

第01章

女孩要想拥有好口才，先得打好基本功

语言，是人与人之间沟通的基本方式，是维系人际关系的重要纽带。而一个人的人际关系，在很大程度上影响着他事业的成功、家庭的美满。因此也可以说，一副好的口才，不仅能为女孩带来工作上的便利，也能为她带来生活上的幸福。当今社会中，人们对于“口才”的定义，绝不仅限于“会说好听话”。口才包含了诸多方面的技巧，需要女孩扎实地练好每一项基本功。

能说会道，口才为女孩增添魅力

口才，反映着一个人的学识、兴趣、胸怀及涵养。一个口吐莲花的人，不管走到哪里，都是人群中的焦点，都能获得大家的一致赞赏。人际交往中的沟通，很大一部分是需要通过语言交流来实现的。一个拥有好口才的女孩，能够利用自己优雅的谈吐，将自己的魅力展露无遗。

享誉世界的化妆品品牌玫琳凯是由玫琳凯·艾施女士一手创办的，它成立于1963年9月，如今是全球最大的护肤品和彩妆品直销企业之一。它的创办者玫琳凯不仅在商场中呼风唤雨，在平日的生活中，她也时时让人感受到她的人格魅力。她那能说会道的口才，经常让那些与她交流的人叹为观止，而又倍感体贴。

有一天，还处于创业阶段的玫琳凯和朋友一起去逛街，当她们进入一家服装店时，发现里面有两个女孩正在争执。其中的金发女孩正在对镜欣赏自己试穿的衣服，陶醉之情溢于言表。然而，她的朋友黑发女孩却毫不留情地泼了她一盆冷水："这件嘛，也就这么回事，我还是觉得之前那件好看点。那件衣服的扣子多好看啊！"

金发女孩闻言，立刻反唇相讥："哪里好看了，那些扣子简直难看得要命，谁爱买谁买，反正我不要。"黑发女孩听了这话，心中有些不快，自己好心好意给朋友提意见，居然被这么数落，真是莫名其妙。她一赌气，不再说话。而发完脾气的金发女孩，也气鼓鼓地闭上了嘴。一时间，谁也不理谁，气氛尴尬极了。

玫琳凯见状，笑着上前打量了金发女孩一番，然后说道："这件衣服确实很棒，它很好地凸显了你那种高贵的公主气质。这么富有特色的领子，如果再配上一条合适的项链，那真是再完美不过了。"金发女孩听了，立即随声附和起来，一边夸玫琳凯的眼光高，一边数落自己的朋友眼光低。

黑发女孩听了，含糊地说："我也没说这件衣服不好，之前我也觉得它挺配你的气质的，还没来得及说出口，就让你一顿抢白。"玫琳凯又绕着黑发女孩转了一圈，笑道："看，这个女孩的身材多棒啊！孩子，你也可以试试你朋友身上的这件衣服，它的线条能够完美地勾勒出你的身材。"黑发女孩终于笑了，点了点头："其实我刚才也这么想来着，就是不知道合不合适。"

玫琳凯肯定地说："试试吧，孩子，一定会给你带来惊喜。另外，这件衣服非常显肤色，如果你们再作一些面部护理，相信就能与它完美配合了。"

后来，这两个女孩都成了玫琳凯公司的顾客。而玫琳凯女士的朋友，也通过这件事更加坚信玫琳凯能够获得成功。

内外兼修，是女孩拥有迷人魅力的基础，是女孩获得成功事业和幸福生活的源泉。魅力，表现在女孩的一举一动、一言一行中；人生，美化在女孩的言谈举止、风采气度里。女孩们，从这一刻就行动起来，让自己成为妙语连珠的魅力之星吧！

良好口才养成攻略

想要以好口才展现魅力的女孩，可以在哪些方面加以注意呢？

1.说或不说，都要有一个度

曾经有位作家说："在一个聚会中，你滔滔不绝地演说，会让别人当你是傻子；但若你始终沉默，会让人们更加怀疑你的智商。"这句话虽然言辞犀利，但可谓一语中的。女孩在与人沟通时，无论说话还是沉默，都要把握适当的度。不顾别人感受，一味自说自话、口若悬河，会让别人觉得你太过自我、缺乏自制力，甚至认为这是为了掩饰你内心的自卑或不安之感；只懂唯唯诺诺，从始至终不开口，则会让别人觉得你没有自信、毫无主见，甚至认为你不说话是因为害怕一开口就“原形毕露”。

2.沉稳一点，让对方感到亲切

急躁、尖厉的话语，会让他人觉得说话者心浮气躁或目的性太强，缺乏诚意，双方之间难以建立亲切感。而亲切感，是良好沟通的重要前提。女孩在说话的时候，应当尽量保持心平气和的状态，以一种沉稳的语气与人交流。

3.保持微笑，沟通更加容易

微笑，代表了一种尊重，一种好感，一种善意。人际交往中，一个微笑，往往能起到巨大的作用。争执双方的矛盾因为微笑而代解，陌生人之间的冰川因为微笑而消融，俗话说“伸手不打笑脸人”，说的正是这个道理。面带微笑的女孩，无论在什么时间、什么场合，都能赢得他人的好感，让双方的沟通更加容易、更加顺利。

4.声音动人，让交流更吸引人

女孩温柔甜美的声音，是人们百听不厌的旋律。柔和的话语，让闻者如沐春风，享受着女性特有的风情。优美的嗓音，是女孩社交中的一大利器。而对于先天嗓音条件不算理想的女孩来说，也不必灰心，你完全可以通过各种声音训练，让自己的嗓音动听起来。

知识点链接

玫琳凯·艾施女士的一生，是传奇的一生。她不像很多成功人士那样少年成名或是起步于青壮之时，她开始创业时，已经45岁了。

那时，她已经做了25年的直销工作，刚刚从岗位上退休。渐渐感到生

活失去动力的她拿起笔来，开始总结自己直销员生涯的经验，希望这些文字能够给妇女同胞们提供一些帮助。随着列出的清单越来越长，她心中的梦想也渐渐成型。她希望自己能够成立一个“美梦公司”，为女性提供梦想成真的机会。

玫琳凯是个具有强大行动力的人，想法形成后，她立即行动起来。创业之初，她的启动资金只有5000美元，那是她全部的积蓄。创业期间，她经过了种种的风霜雨露，然而，她终于成功了。她的玫琳凯公司，创造了超过20亿美元的年销售额，拥有50余万名的美容顾问，并成为跨国集团，被美国《财富》杂志评选为全美最受尊敬的最大财团公司之一。而她本人，则是美国《福布斯》杂志评选的全球企业界最具传奇色彩并获得巨大成功的人物中唯一的女性，并被人们视为当今世界最成功的女企业家。2001年，享年83岁的玫琳凯在与病魔缠斗了5年之后，与世长辞。

与人交谈，语气是不能忽略的重点

在日常交流中，相同的语句，用不同的语气表达出来，会带来不同的效果。我们不妨试想一下：当别人向我们道谢时，面对不同的语气，我们分别会产生哪些感受呢？如果道谢的人是真挚诚恳的，相信我们心中也很受用，觉得自己“没白帮这个忙”；如果对方是漫不经心的，相信我们心中会有不快，甚至怨自己“多管闲事”；而如果对方是厌烦甚至横眉怒目的，那么不仅双方之间的沟通就此结束，可能双方的交情也戛然而止。这，就是语气在沟通中的重要性。

“小刘是不是对我有什么不满，怎么一直对我不冷不热的？”“嗐，你别多想，她那人就这样，跟谁都那么说话。上回主任还偷偷跟我说呢，她这说话口气，搞得整个办公室的人都觉得她才是领导。”

“听说上午你和蕾蕾吵起来了，怎么回事？”“还是为了昨天她把咖啡洒在我参赛作品上的事。”“不能吧，她昨晚还跟我说呢，今天一早就去跟你道歉。人家都道歉了，你怎么还不依不饶的？”“你问问当时在场的人，她那是道歉吗？侧着身子斜着眼，那口气，哪是来道歉，分明是来兴师问罪的。敢情，倒是我的错了！我把画放在桌上人走了，所以活该被泼？我还浪费了她一杯进口咖啡是吧？为了那张画，我点灯熬油十几夜，她倒好，几秒钟就给我干掉了。本来嘛，也没指望这幅画能得什么奖，我就这点爱好，图一乐儿罢了。可那毕竟也是我的心血啊！她要是能真心诚意地道个歉，这事儿也就过去了，结果呢？”“这孩子，还真是不太懂事。”

“听说你们科新来那个大学生是个‘纯菜鸟’啊，什么都不会，连复印文件都让老齐手把手教了好几遍。这么笨手笨脚的同事，怎么不见你们说她呢？老齐那么急的脾气，一句话说两遍都要瞪眼，教这个新徒弟倒是有耐心。”“别说，这孩子虽然脑子不太灵，可是挺会来事儿。甭管谁帮了她，那准是一口一个‘谢谢’，那语气啊，叫你都不忍心说她些什么。就连保洁大婶也喜欢她。有时这孩子毛手毛脚地打翻了杯子水壶什么的，那碎嘴子的保洁大婶也不念叨了，总是笑呵呵地抢过拖把来收拾。这年头，这么会说话的年轻人可不多了，由不得人不喜欢她。”

“这个莉莉，才转到我们部门几天，跟每个人都吵过一架了，这‘效率’还真是高啊！”“不会是你们联手欺负新人吧？”“她算什么新人，职场摸爬滚打也好几年了，却一直是个底层文员，一点升职的迹象都没有。要我说啊，也不怪她原来的部门容不下她。你看她跟人说话那德性，不是拽得跟二五八万似的就是不阴不阳的。我们部门那林杰，小伙子脾气够好了吧？从来没跟人红过脸！结果怎么着？看莉莉长得漂亮，想追求人家，结果两人没说上三句话就闹崩了。”“你们领导就不能找她谈谈，让她改变一下说话的语气？我觉得她这人本心并不坏，就是不懂表

达。”“谈了，没谈两句把主任气得高血压都犯了。”

不会把握语气的人，往往会因为他人的“误解”而摸不着头脑：“我明明什么客气话都说了，他怎么还是又臭又硬？”殊不知，语气，表现了一个人的内心世界和思想感情，正是他那与言辞不相符的口气出卖了他的内心，让对方看透了他的敷衍和目的。学会驾驭语气，是女孩修炼口才时必不可少的环节，是女孩与人交谈时不可或缺的能力。

良好口才养成攻略

驾驭语气，就是能够灵活地使用好语气的功效。人际交往中，女孩想要恰如其分地运用语气，应该考虑哪些因素呢?

1.在跟谁说话

面对不同的人使用相应的语气，是驾驭语气最关键的一条。语气反映着女孩的内心，体现着女孩对听者的态度和感情。而这种态度和感情，会在很大程度上影响到听者对女孩的回馈。因此，聪明的女孩大都明白在不同的人面前大体上应该使用怎样的语气。例如，对待长者，女孩的语气应该是谦恭、敬重的；对待幼童，女孩的语气应该是怜爱、关怀的。

2.在哪儿说话

在不同的场合中，女孩也需要选择相应的语气。一成不变的语气，难以适应女性日益扩张的社交范围。演讲台上的女孩，语气应该是神采激扬的；职场中的女孩，语气应该是干练、成熟的；家庭中的女孩，语气应该温柔体贴的……每一种场合，女孩都要找到适合它的语气。

3.为什么说话

锻炼口才，是为了更好地沟通；沟通，是为了更好地融入社会生活、实现自我价值。换而言之，我们每一个人的每一句话，都是有“目的”的，这个目的，可能是发泄，可能是自我表现，可能是安慰他人，可能是表白心意，可能是劝服开导，可能是批评指正，可能是寻求合作，可能是道谢致歉……目的不同，相应的语气也不同。女孩只有懂得“对症下药”，才能实现目标。

知识点链接

不同的气息、声音，形成了不同的语气，带给听者不同的感受，也表达了言者的内心感情。例如，缓慢的气息、柔和的声音，会让听者感受到温和，表达了言者心中友好的爱意；急促的气息、生硬的声音，会让听者觉得受到压迫，表达了言者心中的憎意；充足的气息、高昂的声音，让听者感受到言者飞扬而喜悦的心情；沉重的气息、缓慢的声音，让听者有种迟缓、凝滞的感觉，从中体会到言者的悲伤之情；粗重的气息和声音，让听者觉察出言者的愤怒；气短声促，让听者感到紧迫，体现了言者的焦急、迫切；气细声粘，听者能从中觉察出言者犹豫、迟疑的心态；气少声平，给听者一种四平八稳的感觉，表现出了言者的稳重。

动人声音，让别人更愿意与你交流

在《红楼梦》第三回中，曹雪芹运用“未见其人、先闻其声”的笔法，让读者在“凤辣子”王熙凤正式亮相前，先领略了她的笑声，从中窥见她的性格一二。每当读至此处，总是不禁连连赞叹曹公笔法出神入化，寥寥数笔，就将一个泼辣、自负、因深受贾母喜爱而有恃无恐的王熙凤刻画得活灵活现。有人说，声音是一种名片，它传递着说话者的各种信息，性别、年龄、职业、性格等。是的，在这里，那一阵笑声，那一声“我来迟了”，就是王熙凤的名片，就是王熙凤给予林黛玉和读者们的第一印象。

“你不说自己是‘声控’吗？这回的相亲对象还不如上回那个的声音

甜呢，你怎么没看上那个，倒对这位姑娘情有独钟了？”

“这个姑娘的音色是比之前的那位略逊一筹，但是她说起话来恰到好处，无论是音量还是语速，都让我觉得舒服。之前那位，不是我说，那整个儿一个‘机关枪’加‘大叫驴’啊！别说过日子，那天不过跟她吃了顿饭，就吵得我脑仁疼。”

声音，具有神奇的力量，它是一种看不见、摸不着，却能给人留下深刻印象的名片，它是一个人裸露的灵魂。声音，展示着言者的态度，更会影响到听者的心情。悦耳的声音，往往会为交流带来意想不到的效果。声音动人的女孩，在交谈中的一字一句，都给听者带来美的享受，都让女孩散发出优雅的魅力。

良好口才养成攻略

很多人认为声音是天生的，后天无法改变。其实，声音就像身材，不论先天条件多么好，后天也要加以注意；不管先天条件多么不理想，也是可以通过后天努力加以改善的。就身材来说，即便天生矮小，也可以通过形体训练和得体的服饰来修饰不足，突出优点；而对于声音来说，即便天生一副嘶哑、低沉的嗓音，女孩也可以通过发音、语速、吐字等方面的训练，让自己的声音动听起来。

那么，女孩该如何训练自己的声音呢？

1.发音训练

在作发音训练时，女孩要学会用腹部呼吸，调节气息。练习发声前，女孩可以先做几组深呼吸。吸气时，扩展胸部，收紧小腹，尽量深呼；呼气时，咬合牙齿，只留下一条细微的小缝，让气流由此慢慢地呼出。然后，女孩应放松声带，并给面部肌肉做热身活动。最后，女孩要练习鼻腔与胸腔的共鸣。那些歌唱家、演说家之所以声音洪亮，就是因为他们不是单纯靠喉咙发声。女孩学会了用腹部呼吸，再掌握共鸣的技巧，声音就会

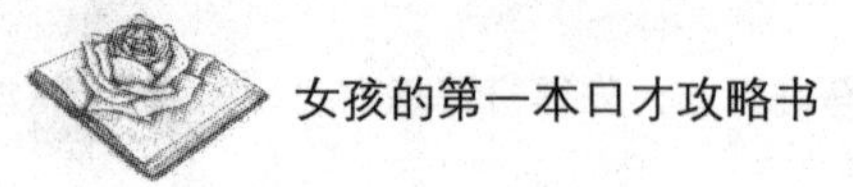

明朗起来。

2.控制语速

语速过快或过慢，都会引起听者的不满。过慢的语速让人觉得拖沓，有时甚至会有窒息、百爪挠心的感觉。过快的语速则让会打乱听者自身的节奏，使其跟不上言者的思路，最后还得言者重说一遍，真是费力不讨好。想要塑造声音的魅力，音色很重要，语速同样重要。女孩在练习把握语速时，可以参考新闻主持人的语速。

3.吐字训练

让听者理解言者的意思，是有效沟通的前提。而让听者理解的前提，是言者尽量把每一个都清清楚楚地送进听者的耳朵里。清晰的吐字，也会给音色带来积极影响。嗓音再好的女孩，如果吐字不清，每句话都说得含糊混沌，那么不仅会使她的音色大打折扣，还会令听者兴味索然。进行吐字训练时，女孩应从基础开始练起，认真掌握好每一个音节的发音。练习时，要保持口型端正，发音完整，字头发力，字尾不吞。

4.音量训练

再动听的声音，再美丽的语言，也不适合从女孩的嘴里声嘶力竭地吼出来。在并不需要女孩振臂高呼、慷慨激昂的日常生活中，女孩说话时，应适当降低自己的音量，使自己的声音听起来更柔和。当然，我们不建议女孩“大嗓门”，同样也不建议女孩“蚊子叫”，哪一个尺度的音量最适合自己的音色与性格，最能获得他人的认可，还需要女孩在生活中不断总结。

知识点链接

《红楼梦》又名《石头记》《金玉缘》《风月宝鉴》，是章回体长篇小说，为中国古典四大名著之首，作者曹雪芹，名霑，字梦阮，号雪芹，又号芹溪、芹圃，清代作家。《红楼梦》以其“甄士隐去（真事隐去），

贾雨村言（假语存焉）”的特殊笔法，引来世人无尽的揣测与琢磨，乃至于形成了专门研究《红楼梦》的“红学”。

从时间纵向来分，红学可以分为旧红学（清代学者以传统方法研究《红楼梦》，如索隐、评点、题咏等）、新红学（五四运动前后诞生，众学者引入西方现代学术范式研究《红楼梦》）和当代红学（1954年以后至今）。

从横向来分，红学可分为评论派、考证派、索隐派、创作派四大学派，而这四大派又可以细分为许多个分支，如题咏、评点、鉴赏、批评、曹学、百科、本事学、脂学、版本学、探轶学等。

其中，评论派坚持文学本位的理念，主要研究书中的人物形象、主题思想、艺术特色、创作手法和文化价值等，包括旧红学中的题咏和评点派，新红学中的百科全书派、文学鉴赏派和狭义批评派等。

考证派坚持史学本位的理念，主要注重考证曹雪芹的家事以及《红楼梦》的版本和成书过程，是新红学中的第一大派，包括版本学、曹学等。

索隐派坚持索隐、秘史本位的理念，通过原著的字面，运用谐音、藏头、拆字、谜语、谶纬等文字游戏，将历史中或传说中的人物事迹附会于原著，包括脂学、探轶学、本事学等。

创作派称得上最为才华横溢的一派，也被人们称为“才女才子派”，着眼于《红楼梦》的相关创作，包括译著、仿作、现代伪续、独立原创、衍生艺术等。

张弛有度，说话速度也很重要

任何事物，都有它自身相应的合适的节奏，说话也是如此。生活中，每个人的说话速度不同，带给他人的感受也不同。有的人活似“连珠

炮”，叽里咕噜说了一大堆，听者还在挠着脑袋发愣；有的人恰如“懒羊羊”，半天时间过去了，总共没说出几个整句。面对这样极端的语速，相信大部分听者都会有相同的感触：跟这人聊天真费劲！

“你和小思谈得好好地，怎么说分手就分手？”

“换你试试，三天就该分了。说话太慢，急死个人！”

“你还真难伺候。上回跟小颖分手，你是嫌人家说话太快。好不容易找着个说话慢的，你又不中意了。我说，你到底想找个什么样儿的？可着天下的姑娘随你挑，你也难挑出合适的吧！”

“我哪有那么挑三拣四，是这两位姑娘都太极端了！你说小颖吧，说起话来就跟倾盆大雨砸下来似的，霹雳啪啦地在你耳边响。你还没听清楚她说的什么，下一个话题又开始了。等她自己都说完了，又来问我意见。我有什么意见，我啥都没听懂！得，人家又是一顿劈头盖脸的教育，弄得我莫名其妙。你说她说话那么快，就不怕闪了舌头！”

“得，这是挺要命的。那小思呢，人家说话慢也招你啊？依我看，你这脾气还是应该找个慢性子的磨一磨。”

“快别提了，我这脾气够好的了，要换你，估计早就疯了。一天到晚，你问她什么，半天才悠悠地答你一句，还答不在点子上；再过半天，又悠悠地答一句，唉，听着快沾边儿了；又过半天，还是悠悠地答一句，嗯，向话题中心又靠近了一步……反正你就这么等吧，你跟她说两句话，得腾出一晚上来等她回你。脑子慢就算了，说话还慢。人家都是一句一顿，我看她呀，好么，别说一字一顿了，简直就是一字一喘气儿！”

“哎，得了，就这样吧。你呀，也少说人家姑娘这个不好那个不行的，我看你这说了半天，自己语速控制得也不咋样，先从自己身上找原因吧！”

声音的感染力，在很大程度上受到语速的影响。女孩若一味追求音色、语气等，而忽略语速的重要性，会使她的口才大为失色。女孩那魅力非凡的语言，不仅源自柔美的音色、适宜的语气、恰当的音调、动人的辞

藻，还需要以恰如其分的语速为依托。

良好口才养成攻略

无论是过快还是过慢的语速，都是可以通过自觉自动、坚持不懈的自我暗示、调整、训练加以改善、逐步达到理想状态的。那么，在还没有完成目标、还没有将自己的语速彻底调整到令人满意的状态时，女孩该从哪些方面着眼，避免那不理想的语速再给自己“拉仇恨”呢？

1.想清楚再开口

除了性格因素使然，有些语速不当的情况，是由于说话者开口前的“懒惰”造成的。有些人说话太快，是因为开口前完全不经过大脑，想到什么说什么，言辞无组织、无逻辑，等他觉察到自己的错误，又试图用更快语速搅乱听者的思维，掩盖自己的错；有些人说话太慢，也是因为开口前没有经过大脑，没有事先分析要说的事情，也没有组织好语言，开口后才想一句说一句。这些情况，只要说话者在开口前经过深思熟虑，都是可以避免的。

2.你不是宇宙中心

经常提醒自己不是宇宙中心，能在一定程度上使语速不当的人的心态归于平和，并更加自觉地珍惜他人的时间。心态平和的人，不会为了“抢镜头”或“赶时间”而风风火火，也不会因为害怕出错或觉得“真无聊”而吞吞吐吐，他们能够用恰当的速度表达心中所想，不疾不徐的态度更加彰显他们的温文尔雅。而当女孩体会到他人时间的宝贵时，就会自觉地调整自觉的语速，她们不会再一股脑儿地竹筒倒豆子，让人一头雾水，不得不重说；也不会再慢条斯理地拖沓绵长，耽误自己的时间，浪费他人的生命。

3.学会适时沉默

明知自己当下的语速并不讨喜，而又没有开口的必要时，适时沉默，不失为一种智慧的选择。适当的沉默，能让他人感受到女孩的稳重，也让女孩有了更多聆听的机会。在聆听时，每一个获得大家赞誉的言者，都是女孩的老师，言行举止间必有值得女孩学习的地方。这样的沉默，就像起跳前的深蹲：深蹲，是为了下一次起身时跳得更远；沉默，是为了下一次开口时说得更棒。

笑着说话，微笑让你的话更动听

达·芬奇笔下的蒙娜丽莎，以她神秘动人的微笑，令世人着迷，成为人们印象中魅力女性的代表，也成为人们心中迷人微笑的典范。微笑，是世间最动人的表情，是女孩最美丽的语言。美国作家F·H·曼狄诺表示，微笑可以换取黄金，人们应该多一点微笑。可以说，微笑是推销自己时最好的说明书，是处理人际关系时最棒的润滑剂。

又是一个忙碌的工作日早高峰，公交车售票员小敏一早就喊哑了喉咙。她一边看着那些对她的呼喊无动于衷甚至面露厌色的乘客，一边在心中愤愤不平。想起昨天又被领导叫去谈话，说是又有乘客投诉了她，她更是委屈不已，已经嘶哑的嗓门再次“咆哮”起来。

“哪位乘客给这孕妇让个座儿，挺大的肚子挤来挤去多危险呀！现在又堵车，一直站着人家多累啊！爱心专座上的年轻人，不差这一会儿，给人让个座儿！”

“大爷，您别起来，我没让你让座儿。您看你还拄着拐呢，本来腿脚就不方便！这车一会儿停一会儿开的，不稳当，再摔着您！”

“都别挤了，别嚷嚷！堵车呢，谁都没办法！互相谦让一下，一大早儿哪来那么大的火气！”

“我说你呢！往后走走，别挤在当间儿！一会儿还得上人呢！挤不上

来，车走不了，耽误的是大伙儿的时间。”

“各位别光顾着看手机，抓好扶手！别一会儿站不稳又踩脚、摔跤！”

“哎，这俩怎么还吵起来了！就为了一个座儿，至于嘛！是，你抱着孩子不容易，可这大娘岁数也大了……大娘你也是，您看您身子骨硬硬朗朗的，这大姐抱着孩子还拎着包，多不容易啊！人刚才那腿脚不好的大爷还主动给孕妇让座儿呢！行了，别吵了！我说，哪位年轻人给让个座儿，一车的大小伙子小姑娘坐着，让这二位站着合适吗？”

就这样，小敏几乎一路没停嘴，不停地处理着车上的各种纠纷和琐事。车到了终点时，她的嗓子已经疼得几乎说不出话来了。

这时，这趟车的老乘客尹大妈没有下车，而是走到小敏身边，关切地问道：“姑娘，怎么了？我瞅你心里有事儿啊，就跟憋着火似的。”

小敏见是老熟人，便叹了口气，没有隐瞒：“您快别提了，我呀，又被人投诉了！我就闹不明白，现在的乘客怎么那么喜欢投诉人呢？我是骂他了还是打他了，真金贵啊！”

尹大妈点了点头，说道：“姑娘，你是个热心肠，一路上都在为乘客们着想，为乘客们服务，被人投诉确实是委屈你了。”说着，尹大妈从包里取出了一个崭新的盛满菊花茶的水壶，递给小敏，“姑娘，这茶特意给你准备的，总听你嗓子哑，喝这个茶好，又能润嗓又能败火。姑娘啊，大妈倚老卖老，想说几句。你这么好的心，为什么不笑着表现出来呢？你长得好看，还有酒窝，笑起来就跟演员似的，你干吗不笑啊！你一笑，全车的天儿就晴了，你的那些话，乘客们听起来就更贴心了。”

小敏喝着菊花茶，微湿了眼眶，感动而又感激地冲尹大妈点了点头。

微笑的女孩，就像一个强大的磁场，不断地吸引着身边人的目光与好感。微笑在无形中拉近了人与人之间的距离，并且让大家处于一种和谐、融洽的氛围中。成功学大师戴尔·卡耐基说：“笑容能照亮所有看到它的人，像穿过乌云的太阳，带给人们温暖。”微笑让女孩魅力倍添，更让女孩的话语变得娓娓动听、饱含情意。

良好口才养成攻略

为什么微笑有那么多的好处，甚至能对女孩的人际交往起到巨大的作用呢？因为在人们眼中，经常面带微笑的人，至少有以下三个特质：

1.微笑的人，通常是自信积极的人

人们通常认为，微笑的人，是充满自信的人，是积极进取的人。自负的人往往眼高于顶，神情冷峻，为了使自己看起来“强于别人”，他们习惯保持一种冷眼俯视众生的姿态。而自卑的人，往往愁眉紧锁、唉声叹气，行为畏缩。真正自信的人，内心是稳重的、平和的，态度是不卑不亢的、温润随和的。他们积极地迎接生活的挑战，不蔑视也不惧怕，始终面带笑容。自信的人讲出的话，是可敬的。

2.微笑的人，通常是亲切友好的人

与时常微笑的人相处，人们会自然地产生一种轻松、亲切之感。他会让人觉得这是一个心怀友善与温情的人，他为人处世成熟而不失真诚，他待人待己宽厚而不失分寸。面对这样的人，人们会不由自主地想要与之接近，与之建立友好的人际关系。友善的人讲出的话，是可亲的。

3.微笑的人，通常是感恩幸福的人

“不如意事常八九，可与人言无二三”，每个人的生活中都充满了风风雨雨，挫折坎坷，而每个人的幸福感，与他是否懂得感恩世界、享受生活休戚相关。一个时常微笑的人，人生旅途未必比那些愁眉不展的人顺畅，但是由于他有良好的心态，由于他懂得感恩，所以他知足常乐，热爱生活。乐观开朗，是一种优秀的心理素质，更是一种智慧。人们与这样的人相处，自己也会受到感染。乐观的人讲出的话，是可爱的。

知识点链接

自问世以来就令无数人为之倾倒的“蒙娜丽莎的微笑”，出自意大利文艺复兴时期著名画家达·芬奇之手。关于“蒙娜丽莎”的真实身份，直至今日，人们尚处于争论中。而流传较为广泛的一个版本，则是这样的：

地方新贵乔孔多娶了一位年轻貌美的女子，名叫蒙娜丽莎。有一天，乔孔多找到达·芬奇，希望他为自己美丽的妻子画一幅肖像。这时，年轻的夫人刚刚遭遇丧子之痛，沉浸在一片忧伤的情绪中难以自拔。为了画出微笑的蒙娜丽莎，达·芬奇特意请来了音乐家和喜剧演员，用尽了一切能想到的办法来逗蒙娜丽莎。终于，功夫不负苦心人，在喜剧演员卖力的表演下，蒙娜丽莎的脸上浮现出一丝微笑。而这个瞬间，被一直等候在旁边的达·芬奇捕捉到了。

之后，达·芬奇前后经历了4年的时间，终于完成了这幅画作。画中的蒙娜丽莎面带微笑，嘴角微扬，然而，她的眉宇之间依旧隐藏着难以忽视的悲伤。这种情感上的矛盾，使得蒙娜丽莎的微笑更加动人，也倍显神秘。画作一经问世，就引来世人的追捧。后来，人们便用“蒙娜丽莎的微笑”来比喻动人或神秘的笑容。

简洁一点，让沟通更加轻松顺畅

生活中，我们常常遇到这样的情况：有的人高谈阔论了半天，他人不仅没有领会他的意思，还昏昏欲睡，哈欠连天，一心盼着早点结束这场“折磨”；有的人简简单单的几句，就赢得满堂喝彩，让人们意犹未尽，回味无穷。两者之间的区别，就在于讲话者是否能够把握话题的重点，使用简单明了的言辞一语中的。

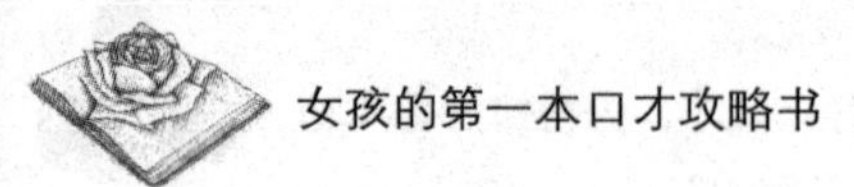

曾经有一位青年人请教马克·吐温，问他演讲时长篇大论好还是短小精悍好，一向以幽默著称的马克·吐温给年轻人讲了一个故事：

这天，马克·吐温去教堂时，正遇到一位慈善家为了动员大家捐款而作演讲。5分钟以后，马克·吐温受到这位慈善家动人演说的感染，决定捐出50元，聊表爱心。不知是人们感动的神情鼓舞了慈善家，还是慈善家依旧认为人们的激动程度尚未达到理想的状态，他滔滔不绝，丝毫没有停下来的意思。当听到第10分钟时，马克·吐温改变了主意，他决定将捐款的数额由50元降为25元。

就这样，慈善家浑然忘我地继续着自己的演讲。半小时后，马克·吐温再次决定缩减捐款金额，25元变成了5元。一个小时以后，慈善家终于结束了自己洋洋洒洒的发言，并拿起捐款箱，向“聆听”了自己演讲的人们请求捐助。马克·吐温随着队伍走到慈善家面前，让慈善家目瞪口呆的是，这位幽默的大作家不仅一分钱没捐，还从捐款箱中拿出了2元钱。他扬了扬钱，对慈善家说：“你浪费了我的时间，这是赔偿。”

人与人之间的交往，重在沟通；而沟通，重在效率。简洁明了的话语，不仅能节省沟通双方的时间，也能让沟通在融洽的氛围中更顺利地进行下去。“话不在多，点题则灵”，在与人沟通时能够把握重点、字字珠玑的女孩，注定成为社交高手，以口才赢得大家的赞赏。

良好口才养成攻略

那么，女孩应该从哪些方面着手，让自己的言语简洁起来呢？

1.不要急于开口

有些人说话重复、啰唆，循环往复，往往是因为急着开口，脑中的思路还没有理清楚，嘴巴和舌头就已经活动起来。说了一大堆以后，发现自己逻辑混乱、语言零碎，又开始回头整理，重新再说。而这时，听者往往已经头昏脑涨，仅存的涵养就是默不作声，任由他一个人继续“自得其

乐”。在交流中急于开口的人，往往是急于表现自己、生怕自己被遗忘或被“剥夺”开口机会和权利的人。女孩要记住，不要每时每刻都把自己当作话题的中心、人群的焦点，这样会让你很累，更会让你的人缘越来越差。

2.学会抓住重点

现代社会的节奏越来越快，人们的时间也越来越紧张。交流是为了交换意见、解决问题，愿意付出宝贵的时间听别人长篇累牍地废话的人已经越来越少。女孩与人沟通时，能够抓住问题的关键，精辟深刻、一针见血地指出问题根源或解决方法，是使交流顺利进行的重要前提。在平时，女孩要着重锻炼自己的逻辑思维能力，努力使自己能够透过事物表象抓住本质。

3.锻炼表达能力

有些人在与人交谈时，开口前并非没有经过思考，也并非没有看到问题的关键所在，却往往因为“肚中缺货”，以致词不达意。词汇贫乏，是女孩练就好口才道路上的拦路猛虎，女孩想要在交际中得心应手，就必须攻克这个难题。为此，女孩可以多读书、多看报、多聆听一些好口才之人的演说。提升表达能力不是一朝一夕的事，它是一个长久的过程，需要经过大量的积累。

知识点链接

马克·吐温原名萨缪尔·兰亨·克莱门，是美国著名的作家和演说家，“马克·吐温”是他的笔名。

按照如今流行的说法，“马克·吐温”这一笔名，源自作家早年的水手生活。萨缪尔年轻时当过领航员，他与伙伴一起测量水深时，伙伴会高叫着“Mark Twain”，即“两个标记”，也就是水深两浔（1浔约1.852米）。要保证轮船航行安全，必须达到这个条件。另外，当时马克·吐温的船长塞勒斯经常向报纸投稿，笔名就叫作“马克·吐温”。一天，年轻而又未脱孩子气的萨缪尔为了捉弄船长，模仿他的文笔写了一篇颇具讽刺意味的小品。然而，这篇文章伤害了船长，使得他从此不再写作，“马克·吐温”这个笔名也就此消逝。后来，萨缪尔当上了记者，听到船长去世的消息后，十分后悔自己当年的行为。为了纪念老船长，他重新拾起了“马克·吐温”这个笔名，并且开始了自己的创作生涯。

马克·吐温一生笔耕辛劳，创作了大量的作品，其中包含小说、剧本、诗歌、散文等各种题材。他的文字幽默而又夸张，极富艺术的想象力。他以一支充满讽刺意味的笔杆，写下了人性的丑陋之处与社会的不合理之处。他出身底层，经历过种种艰辛，因此更加关心普通民众，正义感也更加强烈。他生活的年代，是美国从初期资本主义到帝国主义发展的年代，他的文字风格，也由最初的幽默轻松发展为中期的辛辣讽刺，再到后期的无情暴露。他被美国《大西洋月刊》评为影响美国的100位人物中的第16名，并被人们誉为“美国文学史上的林肯”。

第一次见面：留下你的热情与优雅

面对陌生人或是并不熟识之人，有些女孩会因为女性的矜持而羞怯不前，或是因为难以找到双方交流的切入口而不知所措。其实，与陌生人展开良好的沟通，大方而从容地展现女性独有的优雅魅力，对于女孩来说，并不是一件难事。面对初次见面之人，只要女孩能够学会推销自己，礼貌善待他人，把握好彼此言谈的分寸与方式，就能够给对方留下深刻的好感，从而为自己的人际圈添砖加瓦。

介绍自己，好的沟通来自好的“推销”

在每个人的人脉网中，除了自己的亲人，其他诸如朋友、爱人等，彼此都是由路人到相识、由陌生到熟知的。初次见面、初次相识，双方得以展开交流的前提，便是各自的自我介绍；而双方的交流是否顺畅，是否能在融洽的气氛中进行下去，则在于自我介绍质量的高低。毫不夸张地说，自我介绍犹如一次“推销”，人们在这次推销中，只有努力地将自己最好的一面呈献给对方，才能将自己“推销”给对方，才能收到满意的效果、达到心中预期的目标。

1990年，台湾著名影视艺术家凌峰先生应邀参加了中央电视台举办的春节联欢晚会。当时，凌峰在台湾家喻户晓，可是，大陆的观众对他并不熟悉，很多人甚至连他的名字都没听过。然而，当他说了一段开场白、作完自我介绍后，观众们立刻认同并喜爱上了这位来自祖国宝岛的幽默大师。以下便是凌峰的自我介绍：

“在下凌峰，我和文章（印尼华侨，台湾歌手，20世纪八九十年代时已红遍两岸三地）不同，虽然我们都获得过‘金钟奖’和最佳男歌星称号，但我以长得难看而出名。两年多来，我们去大江南北走了一趟——拍摄《八千里路云和月》。所到之处呢，观众给予我们很多的支持，尤其是男性观众对我的印象特别好，因为他们认为本人的长相像中国——中国五千年的沧桑和苦难都写在我的脸上。一般来说，女观众对我的印象不太好，有的女观众对我的长相已经到忍无可忍的地步。她们认为，我是人比

黄花瘦，脸比煤球黑。但是我要特别标明：这不是本人的过错，实在是家父母的错误，当初并没有征得我的同意就把我生成这个样子。但是，时代在变，潮流在变，审美的观念也在变。如果你仔细归纳一下，你会发现，现在的男人基本上分三种。第一种，看上去很漂亮，看久了也就那么一回事，这一种就像我的好朋友刘文正（中国台湾著名歌手、演员，主持人，代表作《乡间的小路》《外婆的澎湖湾》）这种；第二种，看上去很难看，看久了以后是越看越难看，这种就像我的好朋友陈佩斯这种；第三种，看上去很难看，看久了以后你会发现，他另有一种男人的味道，这种就是在下我这种……”

在凌峰讲话的这段时间内，观众们掌声不断、笑声连连，一段别开生面的自我介绍，让人们记住了这个来自台湾的歌手。凌峰的名字，就此传遍了祖国大地。而这段独特的开场白，也成为美谈，一直为人们津津乐道。

自我介绍，是迈向社交的第一步，是堆砌人脉的第一块砖。一个好的自我介绍，就是一个好的开场白，一个好的交流基础。无论是熟人推荐还是女孩自己主动出击，在陌生人面前，自我介绍总是免不了的。而一段新颖而独特的自我介绍，展现着女孩过人的口才和迷人的魅力，俘虏着他人亲切的好感和赞赏的青睐。

良好口才养成攻略

1.名字让人记分明

自我介绍时，通常第一项任务就是“自报家门”，即道出自己的姓名。汉语中存在大量同音不同字或同字不同音的现象，因此，人们在自报家门时，往往会对自己的姓和名的读音、写法以及意义作出解释。这种解释越巧妙、越独特，越能给他人留下深刻的印象。一个人的姓名，往往包含着父母的愿景、出生的背景和文化的底蕴。对于自己名字的解释，往往能让他人在这一瞬间对你的文化修养、知识水平、性格特征乃至家庭背景等产生大致方向的判断。因此，女孩在向他人介绍自己前，不妨先认真研究一下自己名字的介绍方法。

2.“我”字不能句句说

人们在向他人介绍自己时，免不了要说一个“我”字。然而，“我”是一个主观性很强的字眼，在他人听来，带有浓重的个人主义色彩，如果频繁使用，很可能引起他人的反感。因此，在作自我介绍时，女孩使用“我”字要把握分寸，不仅在使用频率上要注意，语气方面也要注意。说“我”字时，不要拖长字音，不要加重语气，更不要表现出一种得意扬扬、盛气凌人的模样。另外，在介绍“我”时，最好不要用“第一”“最”“很”“非常”之类的字眼，这样才能树立你在他人心中随和、谦虚的形象。

3.换个花样聊自己

人们自我介绍的内容，大抵包括姓名、职业、学历、兴趣等情况。而正因为这些话人人都会说，所以，按照这个“标准套路”来介绍自己的人，也就变成了“不会说”。这样如出一辙的自我介绍，很难突出自己、让他人眼前一亮。女孩在介绍自己时，不妨换个套路、换个说法，用一些或幽默或生动的方式另辟蹊径，让别人更容易记住自己。上文中凌峰的自我介绍，就是一个优秀而成功的范例。

另辟蹊径的自我介绍，往往能勾起人们的好奇心，引起人们极大的兴趣。在“猎奇心理”的影响下，人们往往会选择将这次交流继续下去。如此，只要女孩的人格魅力、交际能力合格，双方之间的交流就会扩展开来，并延伸到日后。

4.分清主次

在求职面试中，自我介绍通常是简短的、要求效率的；而即便是在随意、轻松的朋友聚会中，也不会有人愿意花费长久的时间听一个陌生人滔

滔不绝地长篇大论。因此，在有限的自我介绍时间里，女孩要学会分清主次、详略得当。在不同的场合、不同的人面前，要懂得分清哪些自我特质是应该浓墨重彩地描述、可以配给大部分时间的；哪些自我欣赏是应该一笔带过、及时让位的。

知识点链接

生活中，我们经常发现这样的现象：很多人对于平铺直叙描述出的事物难以提起兴趣，但如果换一种说明方式，以一种独特、稀奇、故弄玄虚的方式介绍这件事物时，人们对它的态度则大为改观，变得兴致盎然。这种现象，在心理学中被称为“猎奇心理”。在猎奇心理的影响下，人们对于自己不熟悉、不了解或是比较奇怪、罕见的事物或观点表现出一种好奇且急于探查明白的心态。

这是一种很奇特的心理需求，也是一种普遍存在的心理现象。无论人们是否认同，不可否认的是，猎奇心理普遍存在于每个人心中，更随时可能发生在社会生活的任意一个角落，每个人的一生中，都会受到猎奇心理的影响而做出一些自己都意想不到的行为。我们可能因为猎奇而获得某些成功，也可能因为猎奇而打开潘多拉的魔盒，这是一把双刃剑，关键看我们自己怎么把把握。

彬彬有礼，有礼貌的女孩让人更想接近

中国历来是礼仪之邦，关于“礼”，从古至今的无数大家给了它许多种定义。《释名》中曰：“礼，体也，言得事之体也。”这句话的意思是，礼，就是说话、做事的规范。时代在变，关于礼的要求和范围也不断在改变；而一直没有改变的，是礼仪所表达出的内涵。在每一个时代，礼

仪，都是一个人内在修养的体现；礼貌，都是社会对于高素质人群的基本要求。

小鑫大学毕业后，通过层层竞争，最终进入了梦寐以求的大企业。然而，入职还没几个月，她就把部门的同事得罪得差不多了。她虽然对此十分苦恼，但也并不认为问题出在自己身上："我性格就是这样大大咧咧的，这叫不拘小节懂吗？都像我们部门那些人那么爱计较，那些魏晋名士在出名前就被杀光了吧！"

然而，她的同事们却如是说：

"我一个保洁员，从来也不指望人家对我多重视，可是那小鑫算个什么人？咱们公司是大企业，进来的人都是高素质。经理整天对我笑呵呵的，从不摆架子，一口一个'大姐'。那小鑫倒是好，不知道我名字，可以直接叫我保洁员，成天冲我'喂''喂''喂'地叫算个什么事？我就比她低一等了？"

"这个小鑫势力得有多大，得罪了人从来不懂道歉，自个儿还在那儿大笑，后台真那么硬吗？前几天，满满一杯咖啡泼了我一身，新买的真丝衬衫就这么毁了，她不仅一声'对不起'都没说，连抽点旁边桌上的纸巾给我擦擦都不知道，笑着就走了。这人什么素质啊！"

"部门几年没进新人了，也不知道现在的大学生是不是都像小鑫那样连基本的礼貌都不懂。自己缺东西，从别人那儿拿的时候从来不说一声，当着主人的面连个招呼都不打。那回最过分，自己缺文件夹，不知道去领，直接从我桌上拿了一个去，还把我的文件取了出来随意摊在桌上。我从经理办公室出来的时候，文件已经飞了满办公室。明知道开着窗户，她好歹找个东西压一下。"

"这个孩子，我是不太愿意跟她交流。每次一交流，不超过2分钟，她准开始搔首挠耳，不是东张西望，就是低着头抖腿，她不愿意跟我说话可以直接提出来，没有必要这么应付我。她早点提出来，我们早点结束这场

谈话，对她对我都是解脱。”

礼貌，是一个人优良素养的体现，也是和谐社会关系的重要纽带。它说小不小，说大不大。它看似简单，实则影响着一个人的人际交往，影响着一个国家、一个民族的社会文明。它看似宏伟，实则存在于每个人身边的诸多小事中，它可以是一句“谢谢”，一声“对不起”，也可以是一次微笑，一个点头。礼貌，是女孩塑造个人形象的美容师，更是女孩构建人际关系的基石。

良好口才养成攻略

女孩在与人交流时，应该注意哪些方面，才能做到有礼有节，表现出自己的涵养呢?

1.“礼”多人不怪

人际交往中，交往双方的沟通，大部分靠语言来实现，因此，礼貌用语就成为每个彬彬有礼的女孩必不可少的“武器”。对于“谢谢”“请”“您”“不客气”等礼貌用语，女孩不仅要学会在陌生人面前说，更要学会在亲人、朋友、同事、爱人面前使用。礼貌用语让女孩的话语更加动听，更加宜人。而无论多么亲近的人，双方之间的关系也需要以“尊重”为前提来维护。一个礼貌用语，不仅表现了女孩的涵养，也体现出女孩对他人的尊重。

2.学会道歉也很重要

毫不夸张地说，道歉是人们在社会生活中必须掌握的技能，它关乎到女孩的人脉，更关乎到女孩的人生。及时道歉、敢于道歉、善于道歉，不仅体现着女孩的风度与修为，也让犯错的女孩更容易获得他人的谅解与支持。

3.你的态度决定对方的感受

无论礼貌用语或道歉措辞如何华丽，最能影响对方感受的，是女孩说

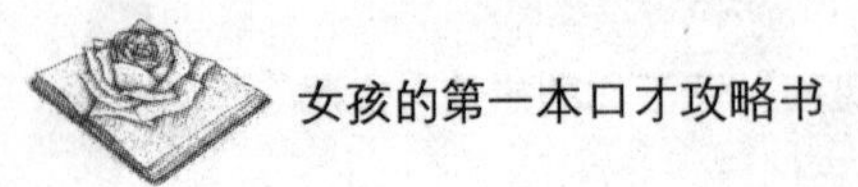

话时的态度。面无表情地说上一万句“谢谢”，其效果不如一次真诚的点头致意。女孩在与人交流时，应以诚恳的态度、温婉的语气、真挚的表情为依托，而不是空泛苍白的语言。

4.肢体语言透露你的内心

在前文中，我们已经简单介绍了肢体语言在人际沟通中的重要作用，相信女孩们已经有所体会。一个让人感到彬彬有礼的女孩，她的一言一行、一举一动也必然是有礼有节、落落大方的。与人交谈时，女孩应注意把握好自己的肢体语言。频繁的小动作不仅会破坏你的整体美感，更会让对方觉得你不够尊重他。而若是你的某些习惯性动作让对方觉得你言不由衷，更有可能让双方的关系降到冰点。

知识点链接

人际交往中，人们在见面之初通常会有一些礼节性的问候动作，正式一些的如握手、鞠躬等，而熟识的人在普通场合通常会采取点头致意、招手致意、脱帽致意或欠身致意等。下面简单介绍一下握手礼和鞠躬礼的要求。

1.握手礼

在很多正式场合或是双方初见之时，人们通常会选择握手礼。在与人握手时，双眼应注视对方，面带微笑，不可摇头晃脑、漫不经心。握手时不可戴着帽子或手套，握手时间最好不要超过3秒钟。为了表达敬意，条件允许的情况下，握手时必须站立。

握手时，伸手的顺序也很有讲究，通常应由“位尊者”决定是否握手。也即是说，只有当长辈、已婚者、职位高者或女士伸出手后，晚辈、未婚者、职位低者或男士才可伸手去握。此外，如果一个人要与多个人握手，那么应该按照先长辈后晚辈、先上级后下级、先主人后客人、先女士后男士的顺序进行。

2.鞠躬礼

鞠躬是一种对他人表示尊重、敬佩的礼节。在鞠躬之前，行礼者应先注视对方，并脱去帽子，表现出足够的敬意和诚意。鞠躬时，行礼者口中不得含有食物，不得说与行礼无关的话，身体先保持立正姿势，然后端庄地弯身行礼。

张口就来，“指名道姓”也能拉近距离

每个人都不希望自己只是天地间的一名匆匆过客，在历史的长河中留不下任何的身影；即便不能彪炳史册、光耀千古，我们也希望至少能在我们相识之人的心目中留下属于自己的痕迹。而这个痕迹最基础的代表，就是我们的名字，一个抽象而又具体、简单而又象征着我们个体的代号。因此，记住别人的名字，并且能在见面的第一时间叫出来，是一种很重要的技能，它体现着我们对于他人的尊敬和重视。

美国前总统乔治·沃克·布什（即人们所说的“小布什”）是一个善于牢记人名的高手，他从青年时代起，就懂得利用自己的这个特长来打造人脉。

1965年，小布什进入了耶鲁大学的达文波特学院，开始了自己的新学期。进入学院不久，他就发现那个经常出入显赫人物的DKE联谊会离自己的学院楼很近。加入达文波特学院的学生会，获得更多的在DKE联谊会上表现自己的机会，从DKE联谊会开始实现自己的政治抱负——小布什的心中，关于自己政治生涯的初步规划就这样形成了。他立即行动起来，首先准备加入学生会。

这天，学院召开了学生会选新的会员，早已作好打算的小布什也跟着五十余名师生走进了会议教室。会议开始后，学生会的一个负责人向师

生们简单地介绍了一下学生会的概况，然后叫起一位名为约翰逊的新生，问他能叫出在座几个人的名字。约翰逊四下打量了一番后，吞吞吐吐地叫出了三四个名字。其后，负责人又叫起了两个新生，情况大致和约翰逊相同。当负责人的目光投向小布什时，小布什从容不迫地站了起来，一字不差地将教室中在座的54名师生的名字全叫了出来。他的表现，令在场的所有人佩服不已——包括那几位学生会负责人。

同是新生，为什么小布什和“约翰逊们”之间的差别如此之大呢？原来，小布什在入学之初，就在最短的时间内记住了所有同学的名字。同时，他经常在教室、走廊、球场等公共场所主动与人交流。这些交流，不仅让小布什熟识了每一个同学的名字和基本特征，还让大家都对他留下了深刻而良好的印象。

2001年1月，小布什当选美国第43任总统。据统计，支持他的选票，有相当一部分是他在耶鲁大学和哈佛大学的校友通过自身庞大的人际脉络和强大的社会关系带来的。根据这个现象，有人曾经开玩笑说：如果你能叫得出三分之一大学校友的名字，你也可以去参加美国总统的竞选。

莎士比亚曾经说：“还有什么能比我们自己的名字更悦耳、更甜蜜？”成功学大师戴尔·卡耐基也说过：“一种既简单又重要的获取好感的方法，就是记牢别人的名字。”因此，女孩在社会交往中，一定要掌握牢记他人姓名这个技能。生活是一面镜子，人际关系更是一面镜子，女孩想要身边的人怎么对她，首先要拿出同等甚至高一等的态度来对待他人。第一时间叫出对方的名字，是一种最简单的示好，更是一种最基础的尊重。

良好口才养成攻略

女孩在与人交往时，仅仅记住他人的姓名是不够的，在叫出他人的名字时，女孩还需要在以下几个方面加以注意：

1.称呼对方时要注意场合和时机

见面时第一时间叫出对方的名字，从实质上来说，是为了表明你对于他的尊敬和重视，而不是为了表现你那“超乎寻常”的记忆力。因此，在和他人打招呼时，一定要注意场合与时机，要考虑到此时打以称呼姓名的方式打招呼是否合乎时宜，会不会给对方造成困扰。

2.称呼对方时要注视对方

交流时目光注视对方，是沟通的基本礼貌，称呼对方时更是如此。女孩在称呼对方姓名时若目光游离、左顾右盼，会让对方觉得女孩心中并不尊重他，甚至可能认为女孩在拿他的姓名开玩笑。如此，称呼姓名非但没有起到表示尊重的效果，反而弄巧成拙。

3.称呼对方时语气要温和

如果有人以一种非正常的口吻叫我们的名字，如凶狠的、尖厉的、调笑的、慵懒的、命令的、严肃的、威迫的、哀求的、冷漠的等，相信我们的心里也不会认为这会是一次平等的、友好的交流。因此，女孩在称呼对方姓名时，应保持一种平和、温婉的语气，营造出平等而自然的沟通氛围。

4.不是什么人都可以称呼姓名

直呼姓名，通常是长辈对晚辈、上级对下级、年长者对年幼者的“特权”。对于长辈或上级，即便女孩与他们的关系再亲密、他们再心胸豁达，女孩也不适宜直呼其名。否则会让人觉得女孩目无尊长、不懂礼数。此外，确实存在少部分的人，对于自己的姓名本身或谐音并不满意，但碍于种种原因无法更改。他们在向他人介绍自己时，有时会主动表示“我并不喜欢自己的名字”。如果遇到这种情况，打招呼时应尽量不要直呼其名。

知识点链接

莎士比亚（1564年4月26日～1616年4月23日），英国文学史上最杰出的戏剧家，同时也是西方文艺史上最杰出的作家之一，全世界最卓越的文学家之一。在华语社会，人们常常称莎士比亚为“莎翁”。

莎士比亚一生笔耕不辍，为世人留下了大量的文学作品，其中包括戏剧39部、十四行诗154首、长叙事诗2首。莎士比亚的戏剧，被译成多种语言，而这些作品被搬上舞台的次数，迄今为止仍未有任何戏剧家的作品能与之相比。

代表作品

四大悲剧：《哈姆雷特》《奥赛罗》《李尔王》《麦克白》

四大喜剧：《威尼斯商人》《皆大欢喜》《仲夏夜之梦》《第十二夜》

学会开场，沟通要先找好切入点

俗话说，万事开头难。然而，无论开头多么艰难困苦，我们都要努力去达成。因为，只有开了头，事情才有可能进一步发展。一件事想要顺利地进行下去，通常需要一个好的开端作为基础。一次好的沟通，一场好的交流，往往是从一段好的开场白开始的。一段好的开场白，能给人以一种亲切、友好之感，消除彼此间的陌生感与隔阂，迅速拉近交流双方的距离。

赛珍珠是一名有着浓厚中国情结的美国著名女作家，她获得普利策小说奖和诺贝尔文学奖的作品《大地》，就是她在中国居住时创作的一部描写中国农民生活的小说。第二次世界大战期间，赛珍珠以广播的形式对中国人民发表了一次演讲。这次演讲，震撼了中国人民的心。

演讲开头，她就这么说道：“我今天说的话，并不是完全以一个美国人的身份讲的，因为我也是一个中国人。我一生的大部分时间，都在中国度过。在我刚3个月大时，父母就带着我来到了中国。我学会的第一句话，是中国话；我交往的第一个朋友，是中国人。我从小就跟着双亲四处辗转，虽然并没有在那些通商大埠居住过。十几年的时间里，我先后在浙江、江苏、江西、湖南、安徽以及山东各省的小城市或小村庄住过，其中，清浦、镇江、丹阳、岳州、蚌埠、徐州、南州等地方，都是我十分熟悉的。我心中最爱的，是中国的农田乡村。长大后，我在南京居住了17年之久。在这段漫长而又短暂的时光里，我亲眼见证着南京从一个古老的旧都变为一个崭新的城市。我敢自豪地说，无论我身处何地，我都与中国人亲如同胞。这一切都是因为，我小时候的游伴是中国孩子，我长大后的朋友是中国人。如今，虽然我人在美国，但是我没有忘记旧日的友人……”

在这段演讲中，赛珍珠反复提到中国大地上的一个个地名，强调自己和中国人的亲密关系，听到这番演讲的中国人，脑中会不由自主地浮现出这些地方的风土人情，以及自己和赛珍珠类似的种种经历。原本，在大多数中国听众心中，赛珍珠是一个陌生的外国人，而这段开场白，让赛珍珠与中国听众之间有了千丝万缕的联系。中国听众对于赛珍珠立即生出一种亲切感，从而更愿意用心倾听她接下来的演讲。

一段开场白，可能让交流双方觉得一见如故、惺惺相惜；也可能让交流双方兴味索然、话不投机半句多。结果之所以不同，关键在于女孩对于开场白的把握。女孩若能够灵活运用各种适宜的开场白打开局面，就等于在交际中掌握了主动权，占据了有利态势。想要多交益友、扩展人脉，女孩要先从开场白学起。

良好口才养成攻略

人际交往中，有哪些形式的开场白可供女孩参考呢？

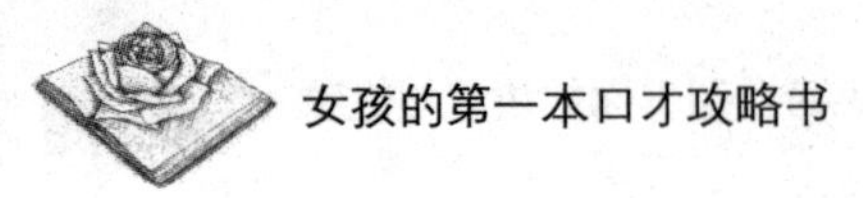

1.以问候语开场

以问候语开场，是最简单也是最常见的开场方式，通常是以“您好”或各种时段、各种节日的问候等加上对方的称谓来展开话题。以问候语为开场白，给人一种自然之感，会让对方远离压力。这种简短的开场白，透露着两种信息：一是你在向他致以问候，表示友好；二是对方在更大程度上拥有决定权，他可以决定彼此的问候结束以后是否继续同你交谈下去，这便不至于让对方产生一种被动感。因此，有继续交流欲望的人，通常会以问候语开场后，再选择其他一种或几种开场来展开话题。

2.以“拉关系”开场

很多时候，人们往往更愿意与那些和自己有一定相同、相近之处的人来往。例如，相同的祖籍、家乡，相同的姓氏、家族，相同的兴趣、爱好，相近的性情、品质……因此，女孩在与初识之人交流时，不妨先试着“攀一攀关系”。如，“这么巧，您也姓章，咱们五百年前是一家啊！”“听说您也爱骑马，真是巧了，我是来自内蒙的女孩，从小在马背上长大的。”

3.以“表白”开场

俗话说：“千穿万穿，马屁不穿。”我们并不是提倡女孩学会溜须拍马、曲意逢迎，但女孩应该明白，无论什么人，都是喜欢受到赞美的。对于不熟悉的人，尤其是初次见面的人，主动表达对他们的仰慕之情，是一种很好的开场方式。当然，这种“表白”需要有理有据，有礼有节，不可胡乱吹捧、夸大其词，如“久闻大名、如雷贯耳”，“今日得见、三生有幸”等话，应尽量少说。否则，会给人一种虚伪、做作之感。

4.以“另类赞扬”开场

对于一些早已功成名就的人来说，他们的身边一直充斥着各种逢迎拍马或真心敬佩的人，因此，一般的赞美很难再入他们的耳、引起他们情感上的共鸣。对此，女孩可以尝试另辟蹊径，从旁人没有注意到或者不常

歌颂的方面入手。例如，面对一个白手起家的纺织业大亨，你再去夸奖他的专业知识多么丰富、工厂规模多么宏伟、企业经营多么高效，他可能只是微微一笑，并不十分在意；但如果你夸他办公室里那幅书法写得遒劲有力，那个钓鱼大赛的奖杯多么难得，他恐怕会兴致盎然地跟你聊上半天。

知识点链接

“酒逢知己千杯少，话不投机半句多”一句，目前能查到的最早出处为明代高明所写的《琵琶记》第三十一出，原句为：“自古道酒逢知己千锺少，话不投机半句多，好笑我爹爹不顾仁义，却道奴家把言语冲撞他。”

《琵琶记》是元末南戏（北宋末年至元末明初时期在中国南方地区最早兴起的汉族戏曲剧种），高明撰写，共四十二出，改编自民间南戏《赵贞女》（更早时还有金院本《蔡伯喈》），主要描写汉代书生蔡伯喈与赵五娘的爱情故事。《琵琶记》被誉为“传奇之祖”，并与当时影响力最大的《荆钗记》《杀狗记》《白兔记》《拜月亭记》（合称为“四大南戏”）合称为“五大传奇”。《琵琶记》是中国古代戏曲中的经典著作。

《琵琶记》相对于原故事，人物性格有较大的改动。原故事中，蔡伯喈是背亲抛妻之徒，而在《琵琶记》中，蔡伯喈变成了忠孝节义的人。《琵琶记》中，书生蔡伯喈与赵五娘婚后不久，幸福的生活就被父亲蔡公打断，蔡伯喈被迫离家赶考。高中状元后，蔡又被迫与丞相的女儿成婚。蔡当官后，家乡大灾，蔡父蔡母双双离世。毫不知情的蔡因思念双亲而打算辞官归里，却被朝廷驳回。蔡的原配妻子赵五娘一路乞讨到了进城，历经千辛万苦终于寻得夫君，故事的最终以大团圆结局。

适时缄默，面对不熟之人“矜持”一些

有一句话叫作“人心隔肚皮”，还有一句话叫作“害人之心不可有，防人之心不可无”，这些话都是告诉我们，人心难测，与人相交时，尤其是与自己并不熟悉的陌生人相交时，最好不要口无遮拦，什么知心话都随便和人说。我们不是别人肚子里的蛔虫，不可能将每个人都摸透。与人相交，一片赤忱固然不错，但我们首先要学会保护自己。

朗生是出了名的爱热闹、热心肠，平时最喜欢结交朋友，公司一有新同事报到，他就自掏腰包请人去“搓一顿”，好及时联络感情。

这天，部门又新来了一个同事，大家都叫他小赵。小赵生得高大健硕，却一副腼腆的样子，不愿主动和人说话。别人找他搭话，他也只是简单说两句，微微一笑，就红着脸低下头。

下班后，朗生照例又去邀请小赵去喝两杯，好说歹说总算请动了他，便带他来到自己经常光顾的一个小饭馆，点了几个饭馆的拿手菜，要了一瓶酒。朗生先简单向小赵介绍了一点自己的情况，然后就开始和他推杯换盏。

小赵一直推说自己酒量不行，因此不管朗生怎么劝，他都很少一饮而尽。一瓶酒下来，倒是朗生的舌头先大了。推杯换盏之后，就是推心置腹，朗生不断拍着小赵的肩，醉醺醺地说道：“小赵，好好干！我一看你就是个厚道人，值得相信。厚道人在这个公司可不好混，以后有什么事，你就来找我，我给你出主意，我给你撑腰！不怕告诉你，办公室里那些，有一个算一个，当然也包括我，一个赛一个心眼儿贼，你得防着点儿！我们办公室和总经理办公室在一层楼，你可得小心点。那个老巫婆，你少惹她！见到的时候打完招呼赶紧走，别给她整你的机会。更年期的妇女啊，就是难缠，没病也给你挑出点儿毛病来恶心你，我吃这亏好几回啦！”

小赵听了这话，表情很不自然，勉强笑了笑，说道：“生哥，不早

了，回去吧，明儿还要早起上班呢！”朗生见小赵要走，也不强留，爽快地结了账后，就在小赵的搀扶下踉踉跄跄地出了饭店。两人各自上了一辆的士，就此分别。

第二天一早，朗生来到公司，正喝着绿茶醒酒时，郭姐神神秘秘走过来，凑到他耳边说：“大生，听说了吗？新来的小赵，原来是赵总的侄子。你说我昨天怎么没想到呢，一笔写不出两个赵啊！完了完了，昨天你们都跟他打招呼，就我没理他，这下我完了。”

朗生一口水呛住，差点咳出肺来。

聪明的女孩，从来不是在任何场合、任何时间，面对任何人时都不断倾诉自己的人。施展口才也要分地点、时间和对象。不熟之人，对于女孩来说，可能是一位尚未转身的天使，也可能是颗隐藏的炸弹，这其中的未知数，是女孩无法预料的；带来的后果，甚至可能是女孩无法承受的。因此，女孩在与初识之人交往时，切忌还未摸清对方底细就一股脑地“开诚布公”。

良好口才养成攻略

为什么女孩在不熟的人面前不宜讲太多呢？

1.讲得太多，可能让你惹上不必要的麻烦

有的人在和陌生人相识后，有时会因为一种莫名的亲切感而“相见恨晚”，恨不能让对方立即了解自己、接受自己，于是迫不及待地将自己的生辰八字、家庭背景、职业现状、兴趣爱好、人际关系等情况竹筒倒豆子般地统统告诉对方，以便让其尽快融入自己的世界。而他道出的这些情况中，有时不仅包含着他个人的隐私，还包含着他人的个人情况，甚至自己公司乃至整个行业的机密。这些情况，都有可能被心怀叵测的人利用，造成严重的后果。此外，如果女孩以这样热情的态度对待陌生人，而又遇到不知“见外”的人，在初识时就提出种种女孩难以做到的要求，会让女孩进退两难，使双方的关系变得尴尬。

2.讲得太多，可能让人怀疑你的意图

不可否认的时，如今，人们的防卫心理越来越重，对于初次相识就“热情过度”的人，大多数人出于安全需求的考虑，会加重防范，更加刻意地与之拉开距离。女孩若与初识之人交谈时喋喋不休，那么，你每讲一句，对方都会在心里揣度你下一句可能透露出的“真实意图”。试问，在这种心态下，彼此之间又如何能有效地沟通呢？

3.讲得太多，可能让人质疑你的能力

中国人历来崇尚“讷于言而敏于行”，在当今社会，人们对于这句话的解读，已不仅仅停留在只做不说的层面。“敏于行”，要求我们实事求是、脚踏实地地去做；“讷于言”，则要求我们懂得把握时机，把握对象，知道什么时候该说什么，在什么人面前能说什么，而不是永远口若悬河。一个人说得太多，会让别人觉得他是思想上的巨人，行动上的矮子；退一步说，即便别人不会因此而否定他的办事能力，也会因此而质疑他的表达能力，因为在人们看来，他似乎没有能力总结自己的中心思想并且以简练的语言表达出来。

知识点链接

“人心隔肚皮”一句，出自《说岳全传》第四回，全诗为：“虎豹不堪骑，人心隔肚皮。休将心腹事，说与结交知。”

《说岳全传》是一部清代问世的长篇英雄传奇小说，由清代文人钱彩（字锦文，浙江仁和人，小说家，约生活于康熙年间）编次、金丰（字大有，广西永福人，小说家，约生活于乾隆年间）增订，共20卷80回。《说岳全传》以两宋时期宋金之间的战争为背景，歌颂了岳飞等精忠报国的将士们浴血卫国的英雄事迹，谴责了秦桧等人构陷忠良、卖国求荣的丑陋行径。故事的前61回主要讲岳飞的“英雄谱”和“创业史”，后19回主要讲

岳飞被害后岳雷（岳飞次子）北上、直捣黄龙的故事。

“害人之心不可有，防人之心不可无”一句，出自《菜根谭》，全句为：“害人之心不可有，防人之心不可无，此戒疏于虑者。宁受人之欺，勿逆人之诈，此警伤于察者。二语并存，精明浑厚矣。”

《菜根谭》是明代思想家、学者洪应明的作品。洪应明字自诚，号还初道人，生平事迹及生卒年皆不祥，约生活于明朝万历年间。后人在一些作品中，推测出洪应明早年心系仕途，热衷于功名；晚年则一心向佛，隐于山林。万历三十年前后，他曾经住在南京秦淮河畔，专心著述。《菜根谭》是洪应明编著的一本语录世集，其中包含了修养、人生、处世、出世等方面的智慧，是一本旷世奇书。

从心开始，先消其戒心再获其真心

当今社会，存在着一个我们不愿提及却又无法回避的问题：人与人之间的信任度越来越低，人们的防范心理越来越重。很多时候，面对陌生人或不熟的人，虽然我们以热情友好的态度对待他们，一心想要与他们建立更加亲密的关系，但往往只能得到对方敬而远之的回应，令我们的一切努力都化为泡影。有时人们不禁感叹：想要用真心换真心，怎么就这么难呢！

亚男从小的梦想，就是当一名作家。为此，高考那年，她不顾家人劝阻，毅然决然地填报了中文专业。然而，转眼四年过去，她开始意识到现实的残酷。大学期间，她笔耕不辍，写了大量的散文和中短篇小说，然而每每投稿却几乎回回石沉大海。四年期间，她挣得的稿费，还不够她买稿纸、换键盘的钱，真可谓“万本一利”。眼看着就要毕业，她抱以最大幻想的连载长篇，在小说网站上波澜不惊，并没有引起什么反响。

她是个要强的姑娘，想着自己已经20多岁，如果大学毕业了还去啃老，那简直是一种耻辱。于是，她决定先先找一份与文学创作有关的工作，一边养活自己，一边历练自己。一番思量后，她打算去出版社或图书公司应聘编辑这一职位。

人们总说“正瞌睡就有人递枕头”，亚男也遇上了这等美事。这天，颇有门路的表哥登门，给亚男送来了一张本市几个出版社和图书公司联谊会的入场券。亚男深知这张入场券对于自己的分量，激动得睡觉时都握在手里。

转眼到了联谊会举办的这天，亚男精心打扮一番后，早早来到了现场。她已经想好，在这次活动中就和某位“大人物”攀上交情，将自己“推销”给对方的单位。然而，相继到来的人们纷纷和自己的熟人攀谈起来，并没有给这位满怀期待的年轻人什么机会。好在功夫不负有心人，四处寻觅了良久后，亚男发现一个衣着考究的中年人正坐在角落，不动声色地观察着会场的一切。

亚男赶紧过去，先作了简单的自我介绍后，没等那男子开口，就劈头盖脸地问：“你是哪儿的人，是本市的人吗？”

那男子显然有些疑虑，淡然地答道：“我的家乡是个小县城，没什么人听过。”

“那县城隶属于哪个地级市呢？”亚男不依不饶地追问，想要从对方的家乡寻找突破口。

“哦，这两年行政区划有所变动，我也不太清楚了。”

“这样啊……听您的口音，还以为就是本地人呢！对了，您在哪儿高就啊？莫非是本市最大的出版社？”

“我并不在出版社……对了，您是哪位？以前活动时并没有见过您。”

“我……我还是个学生，今天来这里就是想长长见识。如果能受到您这样的图书业翘楚指点一二，那可真是三生有幸了。”

“您抬举我了，我不敢当。抱歉，我的朋友来了，我要去招呼下。”说完，男子撇下亚男，向门口走去。

亚男至此仍丈二和尚摸不着头脑，不知道自己哪句话得罪了对方，心想：文化人的脾气都这么怪吗？有人主动陪他聊天、拍他马屁还不高兴。

“热脸贴上了冷屁股”，相信是许多人都遭遇过的尴尬。女孩在社会交往中，想要改变这一局面，就需要能够读懂人心，随机应变，先化解对方的戒心，然后才能逐步地获得对方的真心。在这个社会信任度频亮红灯的时代，开口不急于“套近乎”，而是先让对方确信你对于他来说是“无害”的，才是正确的选择。

良好口才养成攻略

那么，女孩在社交中，应该从哪些方面入手，才能消除对方的戒心，获得对方的信任呢？

1.先搞清楚对方的戒心从何而来

我们想要打败敌人，首先要了解敌人；同样的，我们想要消除交际对象的戒心，首先要弄清楚对方因为什么而产生戒心，然后才能对症下药，妙手回春。社会交往中，人们产生戒心的原因有很多，如从小接受的家庭教育告诉他“不要和陌生人讲话”，或是他曾经因为轻信陌生人而吃了大亏，或是社会各方面的负面报道让他不敢轻信陌生人，或是我们自身的态度、形象等让他觉得难以信任，或是我们的存在让他感受到自身原有的一切（如职位、家庭等）受到威胁等，不一而足。种种原因，需要女孩在“实战”中一一分辨清楚，再找出对策。

2.聊天过程中让自己更有亲和力

在与人交际时，女孩应保持温和、亲切的语气，以一种谦虚的姿态让自己更加具有亲和力。温和的语气，可以营造一种自然的谈话氛围，让对方的心理不至于产生压力，能够轻松地融入话题。谦恭的姿态，能够使女孩更加平易近人，不会让对方觉得压抑或反感。当然，其中的分寸，女孩要把握适度。温和、亲切不是谄媚，谦恭也不是卑微，女孩并不需要低人一等，亲和力打造的，恰恰是一种人人平等的气氛。

3.将心比心，根据对方的需求选择话题

对于大部分人来说，看出交际对象外在的、已经表现出的需求，并不是什么难事。然而，女孩在人际交往中想要一击即中，迅速打开局面，则需要女孩能够看清对方心里隐藏的某些需求。对方之所以将这些需求藏于心底，可能出于各种原因，如这种需求在他看来难以启齿，或是他认为很难被大众理解，或是他觉得不方便昭于世人，或是甚至连他自己都没有意识到。不管出于什么原因，女孩都要通过将心比心的换位思考，仔细地观察对方、用心地感受对方的心境，从而了解对方内心的真正需求，并以此来选择话题。或许有很多人不喜欢和不熟的人“侃大山”，这样的交流在他们看来是在浪费生命，但很少有人在面对自己渴望交流而又难觅知音的话题时能不动声色，人们的话匣子往往在这种时候最容易打开。

知识点链接

从心理学的角度来说，每个人天生都具有心理防卫的需求和能力。新生儿的哭泣，也是一种自我防卫的需要。婴儿在刚出生的时候，他在胎儿时期所熟悉的生理环境和心理环境都发生了改变，因此失去了安全感，所以不停地啼哭。可见，防卫心理是人们与生俱来的，是每个人都具有的。

心理学家马斯洛曾经将人的需要分为五个层次，依次为：生理的需要、安全的需要、爱和归属的需要、尊重的需要和自我实现的需要。人们对于安全的需求，仅次于维持生命的生理需要，可见，安全感对于每一个人来说都是一种十分重要的心理需求。因此，女孩在社会交际中，一定要考虑到他人的安全需求，理解他人的防卫心理。

第03章

看时间说话：话不在多，说对才行

凡事都讲究对应时间、地点、人物，说话也是如此。我们都知道到什么山上唱什么歌，同时也要做到在什么时间说什么话，见什么人聊什么天。口才好的人从来不用长篇大论，他们往往能够找准对的时间、对的场合，在对的人面前寥寥几句，便能画龙点睛、一语中的，令人拍案叫绝。

晚点开口，先看清楚你的交际对象

有句话叫作：“到什么山唱什么歌，见什么人说什么话。”善于交际的女孩，在开口之前一定会先了解每个交际对象，然后针对每个人的不同情况“按方抓药”，采取各种适宜的交流方式与之交流，从而达到理想的沟通效果。

有一位著名的口才大师在某大学为学生们作演讲时，讲了这么一个故事：

在一艘遭遇了航海事故的游艇上，原本正在一边观光一边谈生意的各国商人乱成了一团。眼看着船渐渐下沉，冷静的船长命令大副立即通知那些商人穿上救生衣跳海。结果，这些身家豪富的大人物各个临阵退缩，谁也不敢往下跳。船长见状，亲自出马。在船长的劝说下，商人们一个接一个地跳入海中。

后来，漂泊在海中的人们遇到了一艘邮轮，大家都平安地获救了。大副缓过神来，问船长道：“船长，您怎么这么厉害，几句话就让他们都跳船了？您到底是怎么说的呀？”

“简单极了。”船长裹着毛毯，喝了一口热茶，背过一旁的商人们，小声说道：“我对英国人说，跳海也是一项运动，于是他跳了。我对法国人说，跳海是一项多么标新立异的游戏呀，于是他跳了。同时，我警告德国人说，跳海不是为了闹着玩，于是他跳了。对俄国人，我只要说，跳海是一种革命的壮举，他就毫不犹豫地跳了下去。”

故事说到这里，口才大师停顿了一会儿，然后问道："这些商人里，还有个美国人。在座的各位同学不妨猜一猜，这个船长对美国人说了些什么呢？"

口才大师这个生动而形象的故事，已经成功引起了学生们的兴趣，大家都听得十分入神。这时，听到大师的问题，学生们纷纷议论起来。正在大家交头接耳的时候，一位来自美国的交换生站了起来，笑着说道："身为一个美国人，从我的角度来说的话，能让我跳海的理由应该是一份巨额保险吧！"

此言一出，口才大师和学生们都大笑起来。口才大师说了句"没错"，然后就带领大家一起为这位交换生鼓起掌来。

俗话说："知己知彼，百战不殆。"每个人都有各自的性格、身份，都处在属于自己的生活环境和心理状态中。社会交往中，女孩只有根据现有的条件作仔细的观察和深入的分析，才能把握好每个交际对象的真实内心，从而有的放矢，一蹴而就。

良好口才养成攻略

女孩在与人交际时，大致可以根据下面几个因素来决定交流方式或话题内容：

1.性别

男女之间的生理区别，形成了两者大不相同的心理；性别的差异，决定了两者大相径庭的思维方式。因此，面对不同性别的交际对象，女孩也要考虑到他们的心理差异。即便女孩面对的是两个性格、年龄、身份等因素都相同，唯独性别不同的人，也要学会因人而异。例如，面对相同职位、类似性格和年龄的男上司和女上司，女孩想要与之接近，对男上司，女孩应多谈他的成就、工作等；而对女上司，女孩可以尝试聊聊家庭、孩子等。

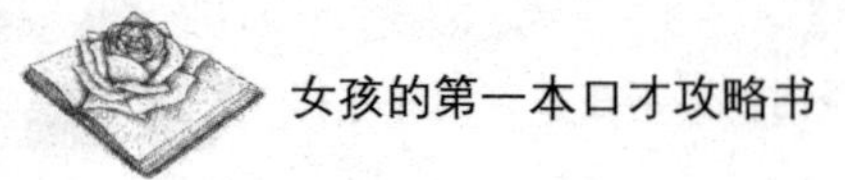

2.性格

面对不同性格的人，女孩要学会用不同的方式来沟通。雷厉风行的人不会喜欢拖泥带水的沟通方式，温婉平和的人难以接受强硬霸道的语气，每个人喜欢什么样的交流方式或内容，很大程度上是由其性格决定的。

3.年龄

人们的身体和阅历等会随着年龄的递增而发生改变，随之而来的，是心理状态和精神面貌的变化。不同年龄的人，对于同一种交流方式或话题内容，能够接受的程度也不同。例如，对于“死亡”这个话题，与孩童谈及，他们可能还懵懵懂懂，答非所问；与青年人戏言，他们会当作玩笑，插科打诨；与中年人讨论，他们对此会有一定的认识，也会有颇多感悟；而对于老年人来说，这是一个他们十分不愿意探讨的话题，最好避免提及。

4.身份

一个人的身份，是这个人在社会中扮演的角色，在很大程度上决定了他从事社会活动时选择的态度和方式，也决定了他对于他人的态度和方式的认可程度。例如，一个身居高位的领导者，他塑造的通常是成熟而稳重的形象，这是他对自己的要求，也是人们想象中的模式。和这种人交流，如果女孩大大咧咧、不拘小节，甚至风风火火，很可能收不到理想的效果。

知识点链接

“知己知彼，百战不殆”，出自《孙子·谋攻》篇，全句为：“知彼知己，百战不殆；不知彼而知己，一胜一负；不知彼，不知己，每战必殆。”这句话的意思是，在战争中，如果了解敌人，也了解自己，那么每次战斗都不会有危险；如果不了解敌人，但是了解自己，那么战斗胜负的几率基本持平；如果既不了解敌人，也不了解自己，那么逢战必败。

《孙子兵法》又叫作《孙武兵法》《孙武兵书》《吴孙子兵法》《孙子兵书》等，作者是春秋末年的齐人孙武。这本巨著中，总结了中国春秋以前许多战争的胜负经验，被称为兵家必读之书，是中国古典军事文化遗产中的宝贵财富，更是中国传统文化的重要组成部分。《孙子兵法》的英文名为《The Art of War》，与《战争论》和《五轮书》并称为世界三大兵书。

《战争论》：共3卷8篇124章，70余万字。作者卡尔·冯·克劳塞维茨是普鲁士人，曾在1810年至1812年间为普鲁士王太子讲授军事课。在《战争论》中，除了说明和作者自序，还包含了作者为王太子授课时的材料、关于军队的有机区分、战术或战术学讲授计划和提纲等附录。《战争论》对近代西方军事思想的形成和发展起了重大作用，被誉为西方近代军事理论的经典之作，更是被人们评为影响历史进程的100本书之一。作者本人也因为这本著作，并誉为西方近代军事理论的鼻祖。

《五轮书》：既是剑法，也是兵法，作者为日本战国时代的剑术家、兵法家、艺术家宫本武藏。《五轮书》分为水、火、风、土、空五卷。宫本武藏将使用双刀称为“二天一流”，该书的核心就是使用双刀。《五轮书》主要讲述单兵作战的法则。在日本，人们将《五轮书》称为小兵法，将《孙子兵法》称为大兵法。

性别不同，采取的应对策略也不同

男人和女人，可谓两种不同的生物。两者因为生理条件、社会分工、家庭角色等方面的不同，从与生俱来到后天培养，形成了迥然不同的性别心理。女孩在社会交际中，面对不同性别的交际对象，要懂得针对男女不同的心理特点，采取不同的方式，如此才能让对方感到你“言之有

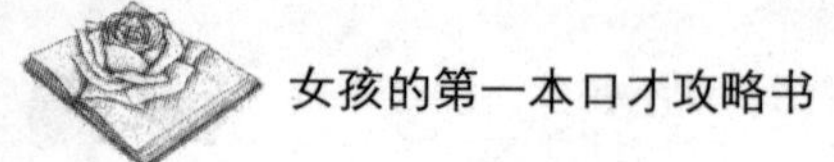

物”“言之有味”。

公司每次举办舞会，俊杰都会成为成为女性职员聚焦的中心。他不俗的口才，总能让自己周旋于众多女同事中，哄得人人喜笑颜开。对此，同部门的哥们儿森言羡慕不已。又一次舞会结束后，他特意拉着俊杰来到一个饭馆，点了俊杰爱吃的菜、爱喝的酒，请他为笨口拙舌的自己指点迷津。

“这有什么难的！”俊杰喝了几杯酒后，双颊微红，笑眯眯地说，“你听过那个笑话吗？遇到漂亮的女人，你就可劲儿夸她漂亮，她受用，你也不亏心。不漂亮的女人，你就夸她有气质，她开心，你也开心。长得实在说不过去的，你就夸她性格好、声音好听，她安慰，你也轻松。性格、声音都不好的，你夸她身材好，她高兴，你也不为难。要是几样全不占的，你就找，她身上总有个优点让你夸，发质好、酒窝迷人、耳垂大、手长得好……总之，在女性面前，你记住一个‘夸’字就对了。女人爱听这些，她们不会说你故意说谎骗她们的，那是男人才会说的话。对了，我顺便说一句，在男人面前，你少夸他们长得帅。这种话，男人听一两次也就够了。尤其是那些有本事的，你要总说他相貌、身材什么的，他反而认为你在讽刺他能力不行。”

用对待男性的交流方式对待女性，对方可能不喜反怒，甚至引起矛盾；用对待女性的交流方式对待男性，对方可能莫名其妙，甚至拂袖而去。人际交流中，女孩想要左右逢源、面面俱到，在大致方针上可以参照一句俗语：男人要捧，女人要哄。

良好口才养成攻略

对于男性和女性，女孩应该分别采取怎样的交流方式呢？

男性

1.不要太了解他

对于男性来说，外人——尤其是女性——“侵入”他们的思想领地是一项大忌。大多数男性并不希望女性过多地了解他们，因为这意味着他们可能被掌控，他们可能失去了对于某些事情的掌控力。因此，女孩在与男性交流时，对他说“我不明白您在想什么”，让他觉得你不了解他、他对于你来说是神秘的、难懂的，让他自己选择是否告诉你，比起对他说“告诉我你怎么想的”或是“我明白你的感受”，效果要好得多。

2.不要怀疑他

质疑，也是与男性交流中的一个大忌。对于男性来说，你可以聊他的年纪，但不可以质疑他的阅历；你可以聊他的工作，但不可以质疑他的能力。男性对于自己的力量拥有高度的自信和敏感的自尊，尤其在这个越来越多的巾帼不让须眉的时代，对于一些本就阅历尚浅、能力一般的男性来说，女孩如果毫不顾忌地怀疑他的力量，那等于是在对他说：“我在伤害你。”

3.不要过分吹捧他

我们说男人要捧，但也不能毫无节制地捧。相对于女性，男性更为稳重、更为理智。如果说漫无边际的吹捧能让有些女性飘飘然忘乎所以，那么溜须拍马式的逢迎则会让很多男性产生反感。他们表面上微笑着、客气地回应你的吹捧，很可能内心已经在判断你的“真实目的”。

女性

1.有些“真相”不要说

这些不能说的“真相”，包涵了女性心理界定的“面子”，如年龄、服饰价格等。善于交际的女孩，在和女性沟通时，懂得“逢人减岁，遇货加价”。也即是说，谈论女性的年龄时，一定要往小了说；而在谈论女性的服装配饰、化妆品等彰显女性消费能力和品位的物品时，一定要往贵了说。

2.刺耳之言不要说

俗话说“忠言逆耳”，与女性交流时，忠言也要尽量说得顺耳，刺耳之言更是不可说。大多数女性对于自我都有一个较为中肯的评价，爱听恭维话的特性只是一层感觉上的薄膜，她们并不需要他人尖锐的言辞刺破这种美感、告诉她们事实。例如，你的某位女同事因为时间匆忙而没有画眉，有三种说法供你选择："你今天画眉的方式有点特别啊，是赶时间啊还是赶潮流啊？""没画眉就敢出门，你再吓着人！""以前总看你画眉，今天没画，没想到你原本的眉形就这么好。你呀，就是会乱花钱，眉笔多贵呀！"试问，哪种说法更能赢得同事的好感呢？

3.成就也要挑着说

对于很多女性来说，感性的话题永远比理性的话题更有吸引力。例如，一个家庭美满、事业有成的女性，她不会拒绝他人喋喋不休地夸耀她的能力、她的智慧，但她更喜欢别人羡慕她的家庭，赞美她的美貌与魅力。因为在很多女性看来，能力、智慧，始终不是女性的专属名词，事业上的成就，也难以凸显她女性的特质；美貌与魅力，才是她身为女性的傲人资本，家庭的和美，才是她扮演女性角色获得的大丰收。

知识点链接

近年来，有一本叫作《男人来自火星，女人来自金星》的著作风靡全球，博得了全世界读者的关注。这本书的作者约翰·格雷是一位心理学博士，在书中，他将男女分别比喻为来自不同星球的生物。书中，作者通过各种生动而又形象的比喻提出了男女在生理和心理上都存在巨大差异的观点。这本著作自问世起，就引起了巨大的反响。据不完全统计，该书自出版以来，被翻译成四十多种语言，累计销量已经超过1.4亿册。

那么，为什么作者会说"男人来自火星，女人来自金星"呢？因为，在古罗马神话中，火星代表战神玛尔斯，象征着充满勇敢精神和阳刚之美的男性特质；而金星则代表爱与美的女神维纳斯，象征着拥有细腻心灵和阴柔之美的女性特质。

看菜下饭，如何面对不同性格之人

很多时候，我们都有过这样的体验：同样一句话，对不同的人说，会产生不同的效果；同样一种语气，对不同的人说，也会收到不同的回应。之所以产生这种现象，是因为人们的性格是不同的，所以对于同一信息接收的态度和方式也有所不同。俗话说，“量体裁衣，看菜下饭”，女孩在与人沟通时，要懂得先了解对方的性格，然后再选取相应的交流方式。如此，才能将话说得好听，说得有用。

自从换了一个部门经理，朱丹总觉得自己和领导沟通起来不再那么顺畅了。这天，她的工作还没汇报完，经理就又一次不耐烦地打发了她。她委屈极了，强忍着热泪退出了经理办公室。

她来到茶水间，强忍着不哭出声，一滴一滴地掉着眼泪。尾随她出来的韩姐看见她耸动的肩膀，叹了口气，走上前拍了拍她的肩，说道：“怎么，又吃瘪了？好了，不哭了，这茶水间人来人往的，一会儿叫人看见了。”

朱丹接过韩姐递来的纸巾，擦了擦泪，抱怨道：“韩姐，你说，我的工作态度没有问题，我汇报工作的方式也向来如此，怎么以前的张经理那么喜欢我，这个马经理就这么看不惯我呢？”

“孩子，你也不想想，这俩人是一样的性格吗？张经理为人和善，他虽然自己不喜欢说话吧，可他爱看你们这些年轻人叽叽喳喳地说话，用他自己的话说，‘从你们身上看到了生命的活力’。可马经理呢？她自己就整天说不完的话，每次开会没个两三小时根本不够用。你倒好，每次进去作工作汇报，我们在外面听着，你就没有停下的时候，小嘴儿在那儿‘叽叽叽’说个不停。马经理插个嘴，你还打断她。你说，这能不让她憋得慌吗？本来啊，咱们做下属的，就应该少说多听，你倒好，给整反了。张经理以前给你惯出的毛病，可得好好改改了，听到了么？”

人与人之间的个性差异，首先表现在性格上。性格是个性心理特征中的核心部分，是一个人稳定的态度系统和相应习惯了的行为风格的心理特征。女孩在社会交际中，只有充分了解交际对象的性格，才能探知对方的心理，采取适宜的交流策略。要做一个受大家欢迎的女孩，先要做到把话说到人们的心坎儿里；要把话说到人们的心坎儿里，先要做到了解对方真正想听的内容。

良好口才养成攻略

心理学家根据各种不同的方式划分人类的性格，其中有一种划分方式将性格分为四类，分别为分析型、平易型、表现型和驾驭型。女孩面对各种性格类型的交际对象时，应该分别采取怎样的交流策略呢?

1.分析型

在分析型性格的人的内心，往往把自己和他人看得壁垒分明。他不擅长或是不喜欢社交，不喜欢别人无端地吹捧他，或者说，吹捧对于他来说是无用的。但是，别人一定要尊重他，一些事务或活动，只要是他应该知道的，即便明知道他不会参加，也要事先通知他。如果他对于某件事给出了自己的意见，那么最好能够顺从他。这种人不喜欢表现自己的人，他认为这种行为是肤浅而幼稚的。因此，女孩在与这种人打交道时，切忌在他面前“王婆卖瓜”。他不喜欢豪放、粗犷的交流方式，也不喜欢对方畏畏缩缩、毫无主见，与他说话时，斯文优雅、彬彬有礼是最好的方式。

2.平易型

平易型的人通常缺乏自信，但拥有强烈而敏感的自尊。自信不足让他不敢奢望也不敢享受别人的吹捧，而脆弱的自尊又让他十分在意别人对他的看法。他很容易受伤，因此和他交流时，最好采取拐弯抹角、迂回婉转的沟通方式，用稍微含蓄的语言来恭维他、赞美他，并有效表达自己对他的关注。女孩与这种性格的人交往时，只要言语中没有轻视对方的意思，

可以尝试略微强势一点，因为，强势而又欣赏他的人，会在他心中占有极大的分量。

3.表现型

面对表现型性格的人，女孩最好的交流策略就是倾听。交流中，把话筒交给他，让他成为主角，让他“掌握”这次沟通的主动权。在他侃侃而谈时，女孩可以适时地插入一些问题，将话题引向彼此都愿意谈论的内容上。对于表现型性格的人来说，一个能好好听他说话、“领会精神”而又永不知倦的听众，就是值得交的朋友。

4.驾驭型

面对驾驭型性格的人，方法恰好与面对平易型时相反，最好杜绝一切拐弯抹角、迂回婉转的沟通方式，直来直往的聊天方式是他的最爱。这种人讲究效率，无论是说话还是动作，节奏都很快，因此也希望与自己沟通的人能快人快语，干脆利落。而他的控制欲，则要求与他交际的人学会将决策权留给他。尤其在众人面前，更要给他“留足面子”。如果你和他的意见产生分歧，那么最好将自己的意见作为一种补充“兼并”到他的意见里。例如，驾驭型的人要大家周末去爬山，而你们早已计划好周末去唱歌，那么就可以说先爬山，然后晚上回来去唱歌放松一下。

知识点链接

通过上文介绍，我们大致明白了面对四种性格类型的人应该如何交流，那么，如何判断对方是属于哪种性格类型的呢？

1.分析型

严于律己，亦严于待人；做事一丝不苟、按部就班，追求完美；不太喜欢与人合作，让人觉得难以亲近；不太表露内心的情感，经常沉默寡言，但一开口就能说出条理分明的话；语气让人感到冷漠，表情较为单一。

2.平易型

助人为乐，喜欢支持别人、与人合作；对人真挚，长于外交，愿意为了人际关系而牺牲自己的时间和精力；说话和做事都较为克制，有相当的耐心；遇事愿意扮演和事佬，典型的“好好先生”；遇到敏感问题时通常会回避。

3.表现型

想象力丰富，对未来充满幻想；朝气蓬勃，外向开朗，经常以自己的热情感染别人；好自我表现，有时太以自己为中心；充满动力，积极进取，愿意与人打交道、合作；情绪波动较大，有时可能会给自己和他人带来困扰。

4.驾驭型

态度强势而生硬，遇事当机立断，精力旺盛；与人说话时容易用命令式的口吻，经常打断别人的话；目标明确，不达目的誓不休；说话干脆利落，节奏快，坦率有力，不太注重他人的感受。

尊老爱幼，老少不能共用一套话

从长到幼、由老至少，每个人的交际圈中，都包含着各个年龄段的交际对象，谁也不可能一辈子只和某一年龄段的人打交道。而这些不同年龄段的人，有些可能是我们的师长，有些可能是我们的学生，有些可能是朋友的长辈，有些可能是同事的孩子，每一个人，都有可能影响到我们的交际效果，都是我们人脉圈中的重要组成部分。因此，女孩在交际中，要掌握好面对各种年龄段交际对象的交流技巧。

小房在福利院工作一年多了，院里甭管是老人还是孩子，都爱围着她团团转，为此，她还在年底被评为福利院的“服务明星”。

同事小费来向她讨教经验，她说："这没什么难的。对待老人嘛，甭管他说什么，你听着就是了。他爱回忆过去，你就顺着他的话问下去，偶尔赞叹两句。咱这是福利院，你就不能问老人的孩子怎么样，这会惹人伤心。对待孩子嘛，你就笑眯眯地跟他说话。孩子犯错了也不要大声呵斥，这样对他不好。孩子哭了，需要安慰了，或者是比赛赢了，向你炫耀，你就摸着他的头或脸说话。福利院的孩子们都渴望亲情，这种动作能让他们感受到被爱。总之啊，对老人就要说老人家爱听的话，对孩子就要说对孩子好的话。记住这一点，准错不了。"

随着年龄的增长，人们的心理状态会伴随着生理的变化和阅历的丰富而逐渐改变，看待问题的角度和对待社交的态度也会不断变化。一个人即使从小到大、从幼到老都没有改变自己的脾气秉性，老年时的他爱听的话语，也一定不再是少年时的那般模样。女孩想要做到八面玲珑，成为大众的宠儿，一定要学会以相应的方式应对不同年龄段的人。

良好口才养成攻略

女孩在对待不同年龄段的人时，应该分别采取哪些交流方式呢？

1.对待儿童

这里指的儿童大致属于小学生的范畴，年龄在6～12岁左右。这个年龄段的群体，已经开始有朦胧的自我意识和自我评价，并且开始关注他人对自己的评价。但是，由于这个年龄段的孩子还没有掌握准确的判断标准，因此对于很多事情的判断还是依赖于成年人的意见。女孩在与儿童交往时，要和蔼可亲，不可疾言厉色，这样会损害你在孩子心中的形象，更会损害孩子的自尊心。和儿童聊天时，女孩应蹲下或弯下身子，不要高高在上地俯视孩子。同时，也不要觉得孩子"还小"，"什么都不懂"，肆意地否决或挖苦他们，这样对他们的成长是极为不利的。

2.对待少年

少年主要指12～16岁左右的群体。这个时期，人们基本处于中学阶段，生理、心理方面都出现明显的变化，由二次发育逐渐走向成熟，最主要的特点就是身心发展不平衡。很多少年会过高地评价自己的成熟度，而又不认为自己和成人处于同一个世界。很多青春期的少年表现出迷茫、叛逆、孤独、压抑的倾向，女孩在与少年交流时，应充分给予尊重和理解，引导他们说出内心的想法并用心倾听。一旦获得他们的认可，他们往往会将你视为可以信赖的人，将你纳入他们的“圈子”。

3.对待青年

青年期通常指17～35岁这段时期，也可以称为人生的黄金时期。在这段时期内，人的生理和心理达到成熟，并且开始步入社会，在享受更广阔的社会空间的同时，开始承担相应的社会责任。这段时间，是一个人认识自我、实现自我、完善自我的阶段，人们开始成家立业，开始组建属于自己的家庭。处于青年时期的人，大多是血气方刚、积极向上的，用一位作家的话来说，这是一个“走路都要昂着头”的年龄。处于这个时期的人，一方面因为种种挫折而不断吸取教训，日趋成熟；一方面小心翼翼地维护着自己的“面子”，无论人前人后都很难心甘情愿地承认错误和失败。在与青年相处时，女孩要学会保护对方的面子，不要与对方“比骄傲”。同时，女孩可以选择年轻人都喜爱的话题与对方交流，同龄人的优势，能让女孩在面对青年时更加得心应手。

4.对待中年

中年一般指35～60岁这段时期。在这段时期内，人们会渐渐进入并习惯一种相对固定的生活与思维方式。在面对问题时，成熟的中年人往往更懂得变通、追求实用，但是往往也会因为过往的经验而表现出一定的局限性。中年人通常懂得自制，更加谨慎而圆滑。社交中，他们很少表现出爱憎分明的情绪，往往波澜不惊、不动声色。女孩在与他们交往时，千万

不要以为他们对你笑就是真的喜爱你，一定要深入他们的内心去探查“真相”。处于这个年龄段的人，尤其是处于后期的人，事业已基本定型，他们的心思更多地投注在家庭和下一辈身上。与他们交流时，赞扬他们的成就、讨教职场的经验、羡慕他们的家庭等，通常都能引起他们的谈兴。

5.对待老人

老年人通常指60岁以上的群体，如今人们的生活水平不断提高，保养意识也逐渐增强，有的卫生组织已经将老年期起点推迟到65岁甚至更晚。与老年人聊天时，最忌强调他们的老、弱、病，也不要主动提及某些对于他们来说没有安全感的问题，如经济保障、子女经济纠纷等。老人的思维缓慢，听觉、视觉、记忆等均衰退，女孩与他们沟通时，一定要有十足的耐心，并始终保持温和的口吻。老人大多饱经沧桑，喜欢回忆往昔，与老人聊天时，引导他们回忆过往、谈论他们引以为傲的晚辈等，都是不错的话题。

知识点链接

青春期是人生至关重要的一个阶段，在这段时期，人的身体快速成长，心理也发生重大变化。而身体和心理发展速度的不平衡，很容易使青春期少年处在各种矛盾的心理状态中，这些矛盾大致表现为以下几种：

1.独立而又依赖：青春期的少年独立意识逐渐增强，开始表现出强烈的自我意识，但因为经济难以独立和各方面经验的不足，又必须从父母那里获得依靠。

2.成熟而又幼稚：青春期的少年通常认为自己已经长大，努力在各方面表现出成人的姿态。然而，因为他们经验不足、知识有限，通常做事时较为盲目，十分情绪化，表现出明显的幼稚性。

3.自制而又冲动：青春期少年在认为自己已经成熟的同时，会有意识地增强自己的自制性和自觉性。与人相处时，他们努力承担自己的义务和责

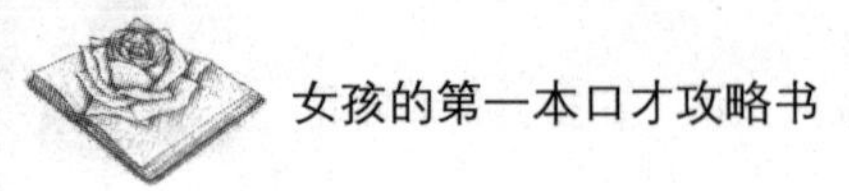

任，表现出成人式的自觉。然而，在实际操作中，他们却又难以按照想象中那样克制自己，经常陷入冲动。

4.渴求而又压抑：进入青春期的少年，由于性的发育，开始出现对异性的渴求。然而由于社会、学校和家长的约束，他们又不得不压抑这种渴望。在性知识面前，他们渴望了解而又十分羞涩；在异性面前，他们想要接近而又十分胆怯。

5.开放而又封闭：青春期的少年希望能得到他人的认同和理解，希望能和他人平等交往，但又觉得自己的世界很难被他人理解。因此，他们渴望与人交流，对于投缘的人无话不说；同时，他们又封闭自己，很多话宁愿写在日记中，也不愿告诉他人。

分清场合，才能说出合乎时宜的话

聪明的女孩都懂得，在社交场合中，说话不仅要分清楚交际对象，要符合自己的身份，还要分清楚场合、因地制宜，这样说出的话才能让近人情、贴人心，这样说话的人才叫“会说话”，才能获得大家的喜爱。

沈悦初入职场，就有幸遇到了一伙儿不错的同事。整个办公室氛围融洽，大家团结友爱，不仅工作上互相帮助，在生活中也相互照顾，还隔三差五地搞一次聚会。

这个周五，大家约好下班后一起去新开的饭馆尝尝鲜。沈悦原本不敢插话，但热情的同事们还是邀请她一道前往。

下班后，大家一起来到饭店。落座后，几个活泼的女同事率先打开了话匣子，将大家的聊天热情调动了起来。受到他们的感染，沈悦也活泼起来，她开启话题，不断追问着大家工作上的事宜。刚开始，几个男性还会回答她几句，后来，谁也不理她了，又开始了他们的话题。坐在一旁的范

大姐悄悄对沈悦说："我们从不在聚会时聊工作，有什么工作上的事，等到了公司再说吧，我们会手把手教你的。"

合乎时宜的话，才能合乎大家的心意。在人际交往中，女孩想要让自己的话被大家接受、重视，体现自己良好的口才，想要在交往中占据有利地位，获得大家的青睐与赞赏，就要学会"到什么山上唱什么歌"，让自己说出的话符合自己所处的场合，这样才能收获理想中的交际效果。

良好口才养成攻略

女孩在各种社交场合中，应该怎样把握自己的话题呢？

1.话题不要太"窄"

在社交场合中，尤其是人数较多的聚会中，女孩应尽量选择大众性的话题，对于那些受众较小的话题应尽量避免。有些刚升级做妈妈的女士喜欢在聚会上大谈喂奶、换洗尿布等，甚至在饭桌上讨论孩子的屎尿等；还有些女士聊到开心时，完全不顾身边还有他人，对女性内衣、女性生理甚至两性问题等高谈阔论，让在场的男士和未婚女性十分尴尬。此外，个人的兴趣、见解等，只要不是聚会的主题或是大众的话题，女孩也最好不要让这些话题占用过多的发言时间。

2.话题不要太"逆"

每个场合都有自己的气氛，女孩在选择话题时，要根据场合的氛围来发言。在四世同堂为老人庆祝高寿时，女孩最好不要谈论疾病、死亡等他人忌讳或是让人悲伤的话题；而在吊唁等场合，女孩也不宜嬉皮笑脸，谈论一些"逆时"的话。在总结工作失败教训的会议上，女孩不要总是提及过去的辉煌；而在庆功会上，女孩也不要一再扫兴地指出工作过程中的失误。总之，即便女孩说"逆时"的话是出于好意，也应该在私下里提醒，而不要让自己成为那个改变气氛的人。

3.话题不要太"少"

在不同的场合中，女孩应准备好各种不同的话题。在职场中，女孩可以多和别人聊一些工作方面的问题，而在闲暇时的聚会中，女孩就没有必要太过敬业，把工作带到自己生活中的每个角落，以至于影响他人放松的心情。在相应的场合选择相应的话题，才能让交际对象有兴趣将这次交流继续下去。

知识点链接

“因地制宜”一词最早的出处是汉代赵晔所编写的《吴越春秋·阖闾内传》，全句为：“夫筑城郭，立仓库，因地制宜，岂有天气之数以威邻国乎？”意思是：建立都城和仓库，应当根据具体的地形来选择合适的建筑方法，怎么能依靠天数或运数之类的东西来威迫、吓唬其他国家呢？

《吴越春秋》是一部以记述春秋时期吴国和越国的历史为主的著作，作者是汉代学者赵晔。除了《吴越春秋》外，赵晔还著有《韩诗谱》《诗细历神渊》《诗道微》等，惜今仅存《吴越春秋》，其他皆已失传。

春风化雨，说话时多想想对方的感受

生活中，有些人经常以“直肠子”自居，以“心直口快”为荣，说话时毫无顾忌，想到什么就说什么，完全不顾他人的感受，以至于常常在不经意间得罪了别人，自己还一无所知，或是不以为意。而他的人气，就也在这一次次的心直口快中消耗殆尽。

眼看着同学们一个个成家立业，已过而立之年的牛力终于在这次的同学聚会上带来了女朋友，大家一个劲儿地恭喜、道贺，牛力和女朋友自然成了话题中心。

牛力本身就很兴奋，又喝了点酒，玩笑道：“孙班长，你可得当着我

女朋友的面儿好好夸夸我。我和她成不成，就看你怎么表扬我啦！”

班长此时也喝了不少，红着脸说：“姑娘好眼光，牛力是我们班里最痴情的小伙子了。他和大学女朋友分手后，一直单身到现在才找了你，可见他有多痴情。说到那个女朋友，真是不识货。我们牛力大学时候多受人欢迎，追他的女孩儿从学校前门排到后门，牛力一个都不理会，自己下了那么大功夫才把那女孩追到手。可惜啊，那女孩没福气，享受不到牛力了。对了，我还记得那会儿牛力为了给她买生日礼物，节衣缩食，瘦了整整二十斤……”

班长意犹未尽地说着，完全不顾一旁不停使眼色的牛力。听到这里，女孩干咳一声，站了起来，欠了欠身说道：“抱歉，我去一趟洗手间。”

看着女友走远后，牛力回过头来冲班长一通埋怨：“班长，这回你可坑死我了！你说什么不好，偏偏一个劲儿说我和小银的事。这下好了，我这女朋友可是小心眼儿，她肯定以为你觉得她不如小银，故意说这些刺激她呢！”

在前文中我们曾经提到，从心理学的角度来说，人人都有被尊重的需求。如果女孩在交际中不懂得顾及他人的感受，便会让对方觉得自己没有受到足够的尊重，从而产生不满，以致影响女孩的社交和人脉。因此，女孩在开口前多想一想自己的话是否得当，是否真正地照顾了对方的感受，是很有必要的。

良好口才养成攻略

女孩在与人交流时，应该从哪些方面着手，才能做到顾及他人的感受呢？

1.开口前先考虑清楚

古希腊哲学家德谟克利特曾经说过：“别让你的舌头抢先于你的思考。”很多时候人们“祸从口出”，往往是因为“心直口快”，说话完全不经过大脑。女孩在开口前，应先将自己和交际对象的身份、距离，自己要表达的主次分清再开口，说话的语气、措辞要符合双方的身份和亲密度，也要将你对于对方的尊重放在主要的层次去表达。

2.说话尽量婉转、温和

在日常的社会交际中，不论和他人说什么话，女孩都应尽量保持一种温和的态度。而在表达一些可能不太容易让别人接受的观点（如批评、拒绝等）时，尤其要学会婉转一点。人们或许可以有涵养地听完他人的指责或讥讽，但极少有人能心平气和地从对方的言辞中分辨出善意。温和而婉转的话语，即便不能让对方接受你的意见，至少也不会让对方对你产生不满甚至是恨意。

3.体会对方的感受，突出对方的重要性

在与人交谈时，女孩应该多站在对方的角度考虑问题，这样才能更加深切地体会到对方的感受。说话时，女孩应少说“我”，少说一些对方忌讳的事。此外，在与对方聊天时，女孩要懂得突出对方的重要性，尤其不要当着对方的面强调他人的重要性。

知识点链接

德谟克利特（约公元前460～公元前370）是古希腊伟大的唯物主义哲学家，原子唯物论学说的创始人之一，古希腊伟大哲学家留基伯的学生。德谟克利特一生勤奋好学、博学多知，在哲学、逻辑学、数学、物理、天文、医学、植物、心理学、伦理学、教育学、军事、艺术、修辞学等方面都有造诣。他被人们誉为古希腊时期杰出的全才，在古希腊思想史上留下了浓墨重彩的一笔。

第04章

戳中虚荣心：一句话就能触动对方

莎士比亚曾经说过："赞美是照在人心灵上的阳光。没有阳光，我们就不能生长。"对于每一个人来说，在他的内心深处，都是希望能够获得他人的赞美的。美国心理学家威廉姆·杰尔士也曾说过："人性最深切的需求就是渴望别人的赞赏。"然而，从另外一种角度来说，赞美也是一把双刃剑，很多人并不能随心所欲地掌握，有时反而事与愿违。赞美他人，是一种人生态度，是一种交际技巧，更是一门很大的学问。那么，为了让赞美成为我们人际关系中的得力助手，为我们所用，我们又该掌握哪些必备的赞美技巧呢？

大声赞美，赞美也是一种力量

对于每一个人来说，他人的赞美，都是一种内心深处的渴求。有位作家曾经说过："赞扬是一种精明、隐秘和巧妙的奉承，它从不同的方面满足给予赞扬和得到赞扬的人们。"从这句话中，我们可以看出，赞扬不仅可以给他人带来不同程度的心理享受和情感激励，也会为我们带来切实的益处，或许是一份好心情，或许是一份青睐，或许是一个惺惺相惜的好朋友。

这个秋天，明明和军军就要进入小学，成为正式的学生了。两家的家长为了孩子能够分进"快班"，都使尽了浑身解数。然而，他们最终却被校方告知：本校对于全体学生一视同仁，并不打算开办所谓的"快班"。

对此，两家的家长有了截然不同的态度。明明的妈妈总是对孩子说："你不能光跟自己的同学比，你们学校没快班，你得更努力。看你这次，才考了个B，你要是在快班，肯定得垫底啊！"而军军的妈妈却说："孩子，你真棒，这么难的卷子也能答对这么多。上回考了C，这次就考到B了。我相信，你是班里最聪明的孩子，只要你好好努力，一定能考到第一名的。如果学校有快班，你也一定是快班里最优秀的孩子。"

半个学期下来，明明仍在班里的中游徘徊，并且对学习提不起兴趣；而军军，则在一次次的进步中成为整个年级的榜样，他并没有满足于此，还经常让妈妈给他买一些课外的书籍，自己学习。

赞美，能在给他人带来力量的同时，为女孩自己的人脉添砖加瓦。一个懂得赞美他人、不吝赞美之言的人，是一个能够在社交中迅速拉近双方距离的人，是一个人人都愿意交往、愿意亲近的人。女孩的一声赞美，可能让自己成为他人的“恩人”，更可能为自己迎来成功路上的贵人。

良好口才养成攻略

女孩在日常交际中，应该怎样运用赞美的力量呢？

1.真诚地赞美

一声赞美，会让人觉得是褒扬还是逢迎、是夸奖还是挖苦，关键在于女孩的态度是否诚恳、言辞是否真挚。赞美别人时，女孩可略作夸张，但绝不可漫天胡侃；女孩要真心诚意，而不可漫不经心或过分热情，否则就会让人怀疑你的真实目的。

2.大声地赞美

人际交往中，人与人之间最直观的表达的就是语言，而人们最容易获取信息的渠道也是“听”与“说”。一声落落大方的赞美，效果远远好过一个眼神鼓舞或一个点头致意，中国人推崇的含蓄美没有必要在这种时候使用。该赞美的时候，女孩应当自然大方地送出自己的褒扬和祝福，而不要忸怩作态。

3.具体地赞美

赞美别人时，真诚一定比虚伪效果好，有声一定比无声效果好，而具体也一定比笼统效果好。例如，夸一个女孩时，如果只知道说她“真漂亮”，她会开心，但也只会认为这只是一种礼节性的交际辞令；如果具休到说她的眼睛很大，鼻型很正，她会更加相信你的赞美是出自真心。

知识点链接

古希腊有一则神话，神话中的男主人公皮格马利翁爱上了自己雕的雕

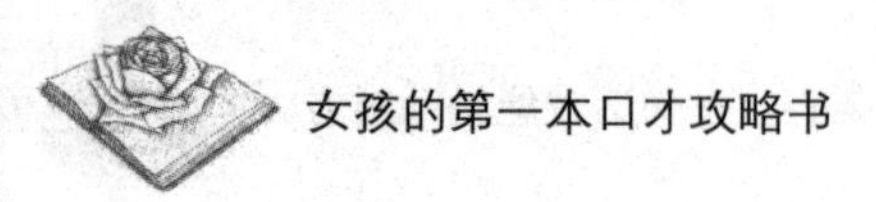

像，于是请求爱神赐予他一位像雕塑一样美好的女子，爱神答应了他。他回到家后，惊喜地发现雕像竟然活了，成为了真正的人。于是，他和这个女子结为夫妻。

现代人引用这个故事，将一种心理现象命名为“皮格马利翁效应”。在这个心理效应的影响下，人的情感和观念会在一定程度上受到他人的影响。当自己喜欢、信任或敬佩的人对自己作出暗示时，自己会不自觉地受到影响、发生改变。

弥足珍贵，不要让你的赞美“掉价”

对于人们来说，赞美是这个世上最动听的语言，甚至可以说是最伟大的语言。然而，日常生活中，我们也有这样的经验：再好吃的食物，吃多了也会觉得寡淡；再有趣的事，做多了也会觉得无聊。同样，赞美的话即便再动听，如果毫无节制地使用，也会让人觉得“廉价”，没有意义。

小朱从小就是出了名的“甜嘴巴”，经常几句话就夸得人满脸喜色。工作后，她将这种特长运用起来，虽说没有达到想象中的效果，但也让她能与同事融洽相处。

这回，老板带着她出差，双方的代表在酒店的大堂会面。见面后，双方先礼节性地握了手，随后，小朱就夸起对方那位西装革履的代表：“翟老板吧？一看您就是器宇轩昂，身材保养得真好，穿衣打扮也很有品位，怪不得您的企业这么成功，从这些细节就能看出您的成功之道您看你这领带……”

她一大串的话说完后，对方才尴尬地指着自己后面那位大腹便便、衣着朴素、被小朱误认为司机的男子说：“这才是我们翟总，我是他的秘书。”

小朱心中暗暗叫苦，她知道，这一次谈判中，她是发挥不了作用了。

赞美，可以温暖他人心灵，可以润滑人际关系，应该赞美的时候，女孩不可吝啬，应尽情地赞美。但是，温暖多了，他人会怀疑你的意图；润滑多了，对方会觉得你太油滑，以至令你的赞美不再动听，不再珍贵，不再能引起他人心中的波澜。

良好口才养成攻略

那么，女孩在与人交际时，应该注意哪些方面，让自己的赞美不掉价呢？

1.不要忙不迭地赞美

很多人在与他人初次见面或是尚不熟识时，总是刚见面就开始忙不迭地赞美。这样的赞美不仅缺乏诚意，让他人难以受用，更会降低自己在他人心中的分量。赞美他人，要建立在自己对他人有一定了解的基础上，并且需要有一定的铺垫。例如，面对一位事业有成的人，上来就说“久闻大名、如雷贯耳”，效果肯定比“听说您是××公司的董事长，贵公司的是业界的榜样，您的才干也让我仰慕已久”要差。

2.不要舍大求小地赞美

在一些众人参与的场合，女孩赞美他人时不要过于突出某一个人或几个人而忽略了其他的大部分人。在人多的场合，面对他人单独提出的褒扬，或许很多人会志得意满，但不可否认还是存在一些会因此而尴尬、不习惯的人。此外，虽然这种赞扬令小部分人很是受用，但同时也得罪了一人部分被“间接贬低”的人，这无疑是一种得不偿失的做法。

3.不要一个劲儿地赞美

女孩在赞美他人时，切忌轻易、频繁、长时间地发表溢美之词。即便是在一些喜庆气氛浓烈的场合，长篇大论的赞美，也许会让当事人喜上眉梢，但很容易让旁人觉得你有溜须拍马之嫌。轻易、频繁地赞美他人，或许会让有些人认为你“会说话”“嘴巴甜”，但更多时候会让人们认为你的赞美并不那么“值钱”。真诚的赞美，应该发生在他人有了杰出的表现或突出的成绩之后，而不是围绕着“衣食住行”“柴米油盐酱醋茶”等琐事不停地出现。

知识点链接

“溢美之词”一词最早出自《庄子·人世间》，原句为：“夫两喜必多溢美之言，两怒必多溢恶之言。”“溢”是水满后向外流出的意思，引申为过分的意思。溢美之词表示吹嘘的话，多用于贬义。

《庄子》又叫《南华经》，是战国中期的庄子及其后学所著，其中反映了庄子的哲学、人生观、政治观、艺术、美学等，是一部道家经典。《周易》《老子》和《庄子》三部著作，合称为“三玄”，而《易经》《黄帝四经》《老子》《论语》和《庄子》，被人们称为中华民族的几部源头性经典。

独树一帜，特别的赞美更入人心

很多女孩都十分在意“撞衫”，认为撞衫是一件尴尬而又惹人不快的事。然而，很少有人在意自己是否“撞言”，在意自己的语言是否言之有物、言之有效。同样一句话，听第一遍觉得新鲜，听第二遍觉得有趣，听第三遍觉得无味，听到第十遍，恐怕就是厌烦了。赞美也是如此。司空见惯的夸奖让人听来如同嚼蜡，弃如草芥；别出心裁的赞美才能让人如饮醇醪，千杯不厌。

在一份史料中，记载着这样一个小故事：

一日，曾国藩和几个幕僚闲聊，说到当今英雄时，他说说：“彭玉

麟、李鸿章都是大才，为我所不及。我可自许者，只是生平不好谀耳。”

这时，一个幕僚说：“各有所长——彭公威猛，人不敢欺；李公精明，人不能欺；曾帅仁德，人不忍欺。”

其他幕僚听了，都拍手叫绝，而曾国藩本人也十分得意，故作谦虚地说：“不敢当，不敢当。”幕僚的一句奉承，让曾国藩留下了深刻的印象，自诩“不好谀”的他，也对这位幕僚另眼相看。后来，曾国藩升任两江总督，特意将盐运使这样的肥差交给了这名幕僚。

俗话说，“话说三遍淡如水，再说三遍驴打嘴。”同样的赞美，女孩要学会用不同的话来说；同样的话，女孩要学会用不同的方式来表达。多一点新意，别人就会对你的赞美之词多一点喜欢；多一点花样，别人就会因为你的口才对你多一点关注。

良好口才养成攻略

那么，女孩可以从哪些方面入手，让自己的赞美与众不同呢？

1.抓住对方自鸣得意的方面

一个人无论功成名就还是庸庸碌碌，无论是骄傲自大还是谦虚谨慎，在他自我看来，自己身上一定在着某种他人难以企及的特质，并为此而自鸣得意。女孩在赞美他人时，可以先仔细观察，发觉对方最引以为傲的特质，并以此为切入点开始称赞。一个人被他人夸到最得意处时，往往会十分相信对方的赞美，并且认为对方很懂得欣赏自己。

2.用一种独特的方式

如果一时看不出对方最自傲的特质，女孩可以先试着从赞美方式入手。别出心裁的赞美方式，也会让被赞者眼前一亮，听出别样风味。例如，赞美一个女孩“美”“有气质”，是大家常用的语言，如果懂得换个方式，夸女孩的眼睛很特别，女孩的一举一动很优雅，相信更能让被夸奖的女孩开心。

3.看到别人没有看到的闪光点

女孩在夸奖别人时，对于对方那些众所周知的优点，可以简单带过，免于流俗，而将赞美的主要精力放在那些他人还没有发掘出的闪光点上。例如，面对一个功成名就的企业家，如果你像他人那样一个劲儿地夸他有能力、有魄力，他已经生茧的耳朵不会为你这几句话而感动；如果你发现他经常抚摸他那一把漆黑、乌亮的大胡子，那么不妨趁着他人没有开口前，先夸一夸他的胡子。

知识点链接

彭玉麟（1816～1890），字雪琴，号退省庵主人、吟香外史，清朝中后期著名的政治家、军事家、书画家，人称雪帅。彭玉麟祖籍衡阳，生于安庆，是湘军水师的创建者、中国近代海军奠基人，与曾国藩、左宗棠并称为“大清三杰”，并与曾国藩、左宗棠、胡林翼并称为中兴四大名臣。彭玉麟的政治生涯历经道光、咸丰、同治、光绪四朝，官至两江总督兼南洋通商大臣，兵部尚书，封一等轻车都尉。1890年三月，彭玉麟病逝于衡州（今衡阳市）湘江东畔的退省庵。清廷赐其太子太保，谥号刚直，并为其建立祠堂。

间接赞美，一种高明的赞美方式

很多时候，一些过于直接或露骨的赞扬，并不能达到赞美发出者理想中的效果，有时甚至会引起被赞者的不满情绪。这种时候，女孩不免疑惑：这人不喜欢别人直截了当地夸他，难不成还要“拐弯抹角”地夸？对于有些人来说，女孩确实有间接赞美他们的必要。

清代乾嘉时期鼎鼎大名的才子袁枚，在二十多岁的时候就得中进士，

后被任命去某地出任知县。赴任前，袁枚去老师那里辞行，老师教导他说："官没有你想象中那么好当。你年纪轻轻就成为一方长官，自己准备了什么为官之道吗？"

袁枚答道自己并没有准备什么，只是准备了一百顶高帽子。老人闻言大怒，斥责袁枚枉读圣贤书。袁枚赶紧说道："恩师教诲，学生并不敢忘。只是如今世风如此，人人爱戴高帽，像老师这般清高自爱的人，又能有几个呢？"

老师闻言，转怒为喜，点了点头。师生二人又说了会儿话，袁枚便起身告辞。

走出老师家的大门后，袁枚感叹道："这一百顶高帽子，我还没上任，就先送出去一顶。"

性格决定了人们的行为和态度，对于那些内向、低调、谨慎而理性的人来说，那种直言不讳、高调而夸张的赞美，是很难消受的。既然"正面进攻"阻碍巨大，那么女孩不妨"声东击西"，从侧面迂回绕行，最终"攻城拔寨"。其实，间接赞美不惟对低调谨慎的人奏效，对于大部分人，间接赞美反而能取到优于直接赞美的效果。

良好口才养成攻略

女孩可以使用哪些方式，让自己的间接式赞扬奏效呢？

1.背后赞扬

背后夸人，是一种"本小利大"的赞美方式。在很多人眼中，背后的赞美更加真实可靠，更加充满诚意，因为人们通常会认为，背后的赞美往往出自单纯的欣赏，这种赞美不是功利的，也没有什么图谋。因此，当背后的赞美传入被赞者的耳中后，被赞者很容易对赞美的发出者产生好感，从而迅速拉近两人之间的距离。

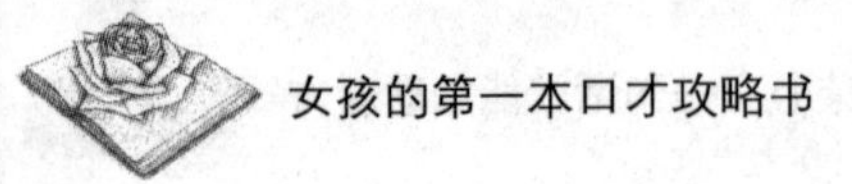

2.借他人之口赞扬

借他人之口赞美别人，尤其是借对方敬佩之人的口赞美对方，能收到意想不到的效果。首先，这样的方式让你的赞美听起来更加真诚，更加可靠；其次，你对于他人意见的采纳，也表明了你敬重的态度，等于一句话夸了两个人；再者，你对于他人的敬重，也更容易让被赞者对你产生一种“英雄惜英雄”的亲近感。

3.虚心请教

虚心的请教，也可以融入赞美的词句，例如：“您这么年轻就进入国际公司的领导层，方便给我们分享一点经验和心得吗？”其实，虚心请教这种行为本身，就是一种对他人的认可、赞美。尤其对于那些好为人师的人，你的请教让对方“过把瘾”的同时，也会让双方迅速地亲近起来。

4.从身边人开始赞扬

对于很多人来说，尤其是对于很多已经成家生子的女性来说，别人夸奖她的爱人或孩子，更能令她开心。如果他人在赞美她们的身边人时再带上女性本人，那更是锦上添花。例如：“您的女儿太漂亮了，您看这大眼睛，您看这柳叶眉，还是您的遗传好！”“这条披肩你老公给你选的吧？他真舍得给你花钱，这披肩可贵了！他眼光也好，这颜色特别衬你的肤色。”

知识点链接

袁枚（1716～1797），字子才，号简斋，晚年自号随园主人、随园老人、仓山居士，清代中期著名的诗人、散文家、文学评论家。

袁枚从政年间，为官颇有清名，但仕途不顺。乾隆十四年（1749），袁枚辞去官职，隐居于南京小仓山随园，在此广收门徒，吟诗作文。他的文笔与纪晓岚齐名，当时人们称两人为“南袁北纪”。他提倡“性灵说”，与赵翼、张问陶合称为“性灵派三大家”，又与蒋士铨、赵翼并称

为“乾嘉三大家”，也叫作“江右三大家”，是“清代骈文八大家”之一。如今，袁枚流传下来著作主要有《随园诗话》及《补遗》，《随园食单》《子不语》《续子不语》《小仓山房集》等。

有的放矢，从对方的最自豪处下手

美国心理学之父威廉·詹姆斯曾经说过：“人性深处最大的欲望，莫过于受到外界的认可与赞扬。”在人们的社交活动中，赞美他人，是一种社交智慧，需要一定的技巧。生活中我们经常发现，有时候，我们费尽口舌地把人从里夸到外，还不如四两拨千斤地抓住对方最自豪的一点简单夸上两句得来的效果实在。

早就听说对方的郑董平日老练持重、不苟言笑，准备与他谈判的尹悠心里不免发憷：这样一个对手，要如何应付呢？因为这份担忧，她专门抽出时间来调查郑董的经历，做足了功课。

双方见面握手后，尹悠说道：“郑董，早就听说您年轻时爱好运动，还破了我市200米短跑的记录，且这个记录至今无人打破。没想到，这么些年过去了，您的体格不让当年，还是如此健硕。”

郑董闻言，竟微微一笑，说道：“看来小姑娘特意调查了我。不错，我对运动的喜好，至今没有减退，每天都要锻炼1个小时。”

尹悠听了，忙向郑董讨教保持身材的绝招。这就样，一段寒暄过后，正式的谈判也继续保持了轻松的氛围。最终，两家都获得了较为理想的结果。

凡事对症下药，才能收获理想的效果，赞美也是如此。每一个人都有自己最引以为豪的一面，女孩在与人交际时，如果能够抓住这一点，有的放矢，“重点照顾”，所收获的效果绝对大大超过蜻蜓点水式的“遍地开花”。

良好口才养成攻略

那么，在社会交际中，女孩想要一针见血地夸到对方心里，需要从哪些方面着手呢?

1.对交际对象有一定的了解

俗话说：“凡事预则立，不预则废。”女孩想要在赞美人时字字顺人心意，句句动人心田，首先要对赞美的对象有一定程度的了解。这种了解不仅要包括对方最得意之事，还要包括对方最失意之事，最忌讳之事，最在意之事等。因为在很多时候，你大费周章地夸了对方一通，很可能由于一个不小心触犯对方的“逆鳞”，而让你之前的所有努力都付诸东流。

2.在相关方面有足够的知识

赞美别人的得意之处时，女孩需要有将这个话题延展、铺伸的能力。例如，你夸对方书法写得好，你们就此展开话题，你不可能从头到尾不停地重复“写得真好”“太棒了”“从没见过这么好的书法作品”等话。双方相谈甚欢的前提，是你掌握一定的书法知识，能让这个话题更加丰富饱满，让你的赞美更加真实生动。哪怕只是一句“颇有魏晋风骨”，也总比“写得像哪个大书法家似的”更让人觉得可信。你表现得越了解，对方越会觉得你的赞美出自真心，而不是敷衍搪塞或刻意逢迎。

3.对各种赞美技巧有所掌握

在前文我们介绍过，不同性格的人对于赞美有着不同的表现，这就要求女孩掌握多种赞美技巧，能够随机应变，见招拆招。直接赞美不行，就试试侧面赞美；普通赞美不行，就试试特殊赞美。总之，把赞美说到对方的心坎里，才是成功。

知识点链接

威廉·詹姆斯（1842～1910），美国心理学之父。他是美国本土第一

位哲学家和心理学家，同时也是教育学家，实用主义的倡导者，美国机能主义心理学派创始人之一，还是美国最早的实验心理学家之一。威廉·詹姆斯为人们留下的著作主要有《心理学原理》《心理学简编》《对教师讲心理学和对学生讲生活理想》《宗教实验种种》《实用主义》《多元的宇宙》《真理的意义》等。

1875年，威廉建立了美国第一个心理学实验室。1904年，威廉当选为美国心理学会主席。1906年，威廉成为美国国家科学院院士。2006年，在美国权威期刊《大西洋月刊》举办的影响美国的100位人物的评选中，威廉入选并位列第62名。

适可而止，赞美也要把握好尺度

生活中，我们经常发现这样的现象：有的人在滔滔不绝地赞美完对方后，原本满怀期待地等待对方抛来橄榄枝，结果却只等来了对方的“冷屁股”。对于这些赞美，对方非但不领情，有时反而表现出不满甚至厌恶的情绪。究其根本，就是由于赞美发出方没有把握好赞美的尺度。

在保险界被人称为“保险行销之神”的原一平，在出道不久时，曾经有一次因为没有把握好赞美的尺度，错失交易良机。

这天，原一平来到一个公司推销保险，他发现公司的老板很年轻，于是开口便夸道：“太不了不起了，这在整个日本也是不多见的事儿——身为一家公司的老板，您居然如此年轻。冒昧地问您一句，您是从多人岁数开始工作的？”

“17岁。”年轻的老板微笑着答道。

“我的天呐！17岁！这个岁数的人，大多数还在父母面前撒娇呢！那么，您是什么时候当上了老板的？”

“两年前。”

“才两年的时间，您居然已经养成了如此好的老板气派！对了，您为什么17岁就开始工作了呢？”

“父母早逝，家里太穷，我下面还有一个妹妹。为了供妹妹读书，我只能出来工作。”

“太了不起了，您的妹妹也很了不起，你们都棒极了！”

两人就这样一问一答地聊着，老板脸上的笑容也由多变少，最终不再微笑。原本已经打算购买保险的老板，最终还是放弃了这个打算。可以说，是原一平过度的赞美，毁掉了这笔订单。

人人都喜欢听赞美，人人也都需要听赞美，然而，并不是所有形式、所有内容、所有程度的赞美都能让每个人接受。凡事有度，适可而止，只有恰到好处的赞美，才能够让人如沐春风，瞬间捕获人心。

良好口才养成攻略

女孩在赞美他人时，应该如何把握赞美的尺度呢?

1.要有真诚的态度

真诚的态度，是获得他人信任、赢得良好沟通的基础。无论多么华美的语言、高超的技巧，也不如一份真诚的态度更让他人愿意接受、愿意亲近。无论是赞美、批评、拒绝、说服，女孩都要以真感人，以诚待人。

2.要注意时间、场合

赞美的时间和场合，都是学问，它们直接影响着赞美的效果，需要女孩及时把握。对方当断未断时给予赞美，能够给他激励；事过境迁再去赞美，不会在其心里引起多大的反响。众人面前的赞美，有些人喜闻乐见，有些人却感尴尬；私下交流的赞美，有些人不以为意，有些人却如获至宝。什么是合适的场合，什么是合适的时间，这些，都需要女孩根据具体情况去把握。

3.要用适度的言辞

赞美的尺度，除了需要注意的频率和长度外，言辞的分寸也需要女孩去把握。女孩赞美他人时，应该在尊重事实的基础上略微夸大，而不能漫天吹牛；也不能蜻蜓点水，让被赞者觉得不痛不痒。此外，赞美一个人的某种行为，比直接赞美他本人，更容易让人接受。例如，“这道题需要大量的知识才能答全，能拿满分的人得读过多少书啊”就比“你太厉害了，这道题也能答对”让人听来更加悦耳。

知识点链接

“橄榄枝”和“和平鸽”，如今被人们当作和平的象征。而究其原因，要追溯到《圣经》中诺亚方舟的故事。上帝发动的洪水退去后，诺亚夫妇将方舟上的一对鸽子放飞。不久之后，鸽子又飞了回来，并且衔着一根橄榄枝。后来，橄榄枝就成为了和平的代名词，而鸽子成了和平的使者。

如今，如果人们说某个国家“伸出了橄榄枝”，那么通常是说这个国家对外表示出了友好的态度，希望谋求和平，与其他国家合作共赢。如果说个人“伸出了橄榄枝”，则是表示他向他人示好、谋求友好交流。

第05章

幽默的语言：快乐的女孩必受欢迎

在《辞海》中，“幽默”的意思解释为：“美学名词。通过影射、讽喻、双关等修辞手法，在善意的微笑中，揭露生活的乖讹和不通情理之处。”它是一个舶来词，由英文中的“humor”音译而来。著名作家林语堂先生将它引进中国时，翻译成“幽默”，可谓音译、意译都十分贴切。古今中外，人们对于幽默都是十分推崇的。英国著名历史小说家和诗人沃尔特·司各特爵士曾说：“幽默是多么艳丽的服饰，又是何等忠诚的卫士！它永远胜过诗人和作家的智慧；它本身就是才华，它能杜绝愚昧。”对于女孩来说，在社会交往中，幽默是人际关系的润滑剂，更是展现自我的华丽色彩。

智慧表达，幽默必是绝好的方式

中国音乐学家钱仁康曾经说过：“幽默是一切智慧的光芒，照耀在古今哲人的灵性中间。凡有幽默的素养者，都是聪敏颖悟的。他们会用幽默手腕解决一切困难问题，而把每一种事态安排得从容不迫，恰到好处。”是的，面对平淡的生活，一点幽默，就能闪耀出智者的光芒；面对突如其来的变故，一点幽默，就能让智者化险为夷、反败为胜。

在历来为人称道的周恩来总理的外交智慧中，幽默，也是他的一项绝活。

20世纪五十年代的某天，周总理为了招待外宾，特意备下宴席。宾客们看着色香味俱佳的菜肴，纷纷赞不绝口，更是对这些菜肴有如工艺品般的造型青睐有加。不巧，正当大家啧啧称奇时，一个用笋片雕成的中国传统图案在汤里翻了身，变成了纳粹标志“卐”。来宾见此，均瞠目结舌，大为吃惊。

周总理见状，并没有慌张，而是微微一笑，说道：“这不是法西斯标志，这是我们中国的一种传统的图案，叫‘万’字，象征福寿绵长，是对客人的良好祝愿。”说完，他又环视四周，朗声说道，“就算是法西斯标志也没关系嘛，我们大家一起来消灭法西斯，把它吃掉。”

这番话一说完，在座的宾客们都哈哈大笑起来。大家纷纷将手中的餐具伸向了那道菜，不一会儿，菜肴就被吃得干干净净。

幽默，是我们生活中不可缺少的佐料，更是人际关系中必备的润滑

剂。一个懂得幽默的人，或许不能获得所有人的喜欢，但也绝不会招致大家的厌烦。一个善于运用幽默的女孩，往往能在人际交往中人见人爱，左右逢源。

良好口才养成攻略

那么，为什么说幽默是一种智慧的表达方式呢？对于女孩来说，幽默的口才，能为女孩带来哪些便利呢？

1.化解矛盾

无论是学习、工作还是生活，在各个方面，我们总会或多或少地遇到一些竞争，存在一些对手，因此，我们也难免会遭遇一些来自他人的“敌意”，处于各种始料未及的矛盾中。在这种情况下，女孩如果针锋相对，势必引起对方更大的怒火，使摩擦加剧，事态扩大；反之，若女孩能以开朗的心态和幽默的语言来化解，不仅能尽量使自己全身而退，也给了对方一个大大的台阶。

2.化解尴尬

无论是我们自己还是他人，生活中都难免遭遇尴尬。尴尬的气氛对于每一个人来说，都不是什么美好的体验，谁也不想在其中多停留一刻。此时，如果女孩能适当地讲个小笑话，或是以自嘲的方式博人一笑，转移话题，那么，无论处于尴尬中的是你还是旁人，都能够从这种氛围中解脱出来。而你的幽默，更是会给他人留下美好的印象。

3.使你更受欢迎

对于大部分人来说，生活本就平淡乏味；对于很多人来说，人生更是忙碌艰辛。相信对于大家来说，鲜少有人喜欢与整日愁眉苦脸的人交往；对于人们来说，也不愿意与说话刻板枯索的人多作交流。只有开朗的人，才能为身边的人带来积极的力量；只有幽默的人，才是人们争相追逐的快乐的源泉。

知识点链接

钱仁康（1914年4月14日～2013年3月15日），著名音乐学家、理论家，上海音乐学院教授。钱老一生中，除长期从事音乐教学工作外，还致力于音乐学研究，笔耕不辍，代表作有《柴可夫斯基主要作品选择》《肖邦的叙事曲》等。钱老是中国第一位音乐学博士生导师，被誉为中国音乐学界的泰山北斗。

开动脑筋，幽默往往来自于联想

当我们接收到来自外部的信息时，我们的大脑会将脑中原有的“信息库”与外部信息建立种种的联系，这就是我们常说的“联想”。可以说，我们的大脑是一个加工器，通过它的处理，我们能够理解接收到的信息，并有一定的创新。而语言要产生幽默效果，便离不开大脑在各种情境中对于语音、词汇等语言要素的联想。

在幽默的语言中，各种联想方式五花八门，真可谓“只有你猜不到，没有别人联想不到”。许多家喻户晓的幽默故事中，那些人人敬仰的幽默大师们，就是用联想缔造了那些经典。

例如：

逆向联想：安徒生是个生活简朴的人。一天，他又戴着自己那顶旧帽子走在街上。一个路人经过时，笑道：“你脑子上是个什么玩意儿，那还能称作帽子吗？”安徒生立即回敬他：“你帽子下是个什么玩意儿，那还能称作脑袋吗？”

因果联想：有一次，马克·吐温乘坐火车出行，火车的龟速令他恼火。于是，在查票员查票时，马克·吐温弄来了一张儿童票并向其出示。

查票员挖苦地说："我真没看出您是个儿童！"马克·吐温故作认真地回答道："是的，先生，如您所见，我现在已经不是孩子了，但我买票上车的时候，确实还是个孩子！"

替代联想：1965年11月，恰逢定居上海的美国记者安娜·路易斯·斯朗特80岁生日，周恩来总理在上海展览大厅为其举办了寿宴。宴会一开始，周总理就说道："今天，我们为我们的好朋友、美国女作家安娜·路易斯·斯特朗女士庆贺40公岁诞辰。"周总理说完后，见在场的宾客都十分不解，便又解释道："在中国，'公'字是紧跟它的量词的两倍。40公斤等于80斤，40公岁就等于80岁。"

过人的联想能力，往往来自于不同凡响的发散性思维。关于发散性思维，人们又叫它扩散性思维或求异思维。简单来说，就是以我们接收到的信息为中心，然后从不同的角度、方向、途径展开设想。它能带给我们各种不同的答案，更能为女孩带来数不胜数的幽默方式。

良好口才养成攻略

那么，女孩在平时的生活中，应当怎样锻炼自己的发散性思维呢？

1.想象力也要多练习

想象力是人类创新的源泉。有人说想象力是天生的，有人说随着年龄增长想象力在退化——无论如何，笨鸟先飞、勤能补拙是亘古不变的道理。大部分人的想象力，通过合理、持久的思维训练，是能够达到令其满意的水平的。而这种思维训练，并不一定要什么专业的团队或教材来辅助，生活中，女孩一样可以利用身边的各种事物来训练自己。例如，看到一条鱼，女孩可以想象各种吃它、用它的方法。你会发现，在种种奇思妙想中，你的想象力在与日俱增。

2.不追求"标准"

在传统的教育模式中，很多人习惯探寻一个"标准答案"，并以此为一种准绳。在这种教育模式渐行渐远的今天，曾经受到影响的女孩也不必因此而耿耿于怀。摒弃过往的习惯，不再多想“只能这样”，而是多问问自己“假如那样会怎样”，主动让自己多换个几个角度去思考问题。

3.打破思维定式

很多时候，束缚我们的不是未知，而是已知。已知的知识，可以让我们在某些领域如鱼得水，但也会固定我们的思维模式，阻碍我们创新的脚步。有些时候，我们不妨试着用逆向思维去看待问题，多去想想：如果某件事用完全相反的方式处理，会出现什么结果；如果已知某件事的结果，那么在最初，你又可以想出几种不同的方法呢?

知识点链接

安娜·路易斯·斯特朗（1885.11.24 ~ 1970.3.29），美国进步女记者、作家，出生于美国内布拉斯加州费伦德城。斯特朗早年就读于奥柏林学院，1908年获得美国芝加哥大学哲学博士学位。她曾前后5次到中国访问，正是在她第5次来华访问时，毛泽东主席和她谈到了“一些反动派都是纸老虎”这一著名论断。她在72岁时，第6次来到中国，并定居于北京。

青年时代的斯特朗积极投身于儿童福利事业和工人运动等进步的社会活动，并反对第一次世界大战。苏联首份英文报纸《莫斯科新闻》即是由她主持创办。斯特朗一生写了大量的新闻报道和书籍，其中《中国大众：1927—1935年间的革命斗争》《人类的五分之一》《千千万万的中国人》《百万农奴站起来》《中国出现黎明》《我为什么在七十二岁时来到中国》等，在国际上都有着不小的影响。

攻其不备，转折与巧合造就幽默

莎士比亚曾说：“幽默和风趣是智慧的闪现。”真正的幽默，往往来自于攻其不备、出其不意的灵光一现。一句出人意表的话，使人们感受或联想到一种意料之外的结果，由巧合和言外之意带来的韵味，往往会令人忍俊不禁，笑后又觉颇有意味。

在某次演讲大会中，第一位先生洋洋洒洒的大段演讲，占据了大会一半的时间。台下的听众们开始时还听得饶有趣味，到第一位先生下台时，有大半的听众早已昏昏欲睡。

这时，第二位先生款款地走上台去，听着台下那礼貌性的、稀稀拉拉的掌声，他突然将演讲稿扔进垃圾桶，并清了清嗓子，说道：“我认为，好的演讲就应该像美女的裙子，越短越好！”此言一出，听众们精神一振，掌声立即响遍了整个礼堂。然而，这位先生并没有“兑现承诺”，他将美女的裙子再次拉长。但与前一位不同的是，他的演讲风趣生动，内容始终紧紧围绕在座听众们关心的话题；并且，他专门用了大段时间来阐述“为什么演讲一定要简短”这一问题。在他妙语连珠的口才下，听众们聚精会神，掌声、笑声不断，一个小时很快就过去了。

当这位先生下台时，听众们才猛然发觉，自己在不知不觉中“上了当”。然而，演讲者这样“言行不一、自我矛盾”的行为，却让大家又会心一笑，感到了一种别样的风味。

俗话说，出其不意方能一招制敌。很多时候，大段地“演讲”，大汗淋漓地“上蹿下跳”，其“笑果”远不如冷不丁地一句妙语令人捧腹过后而又回味无穷。因为，对于突如其来的“变数”，人们往往是措手不及且毫无还击之力的。只要抓住时机、用好妙言，女孩便能轻轻松松地让大家在瞬间“臣服”于你的幽默。

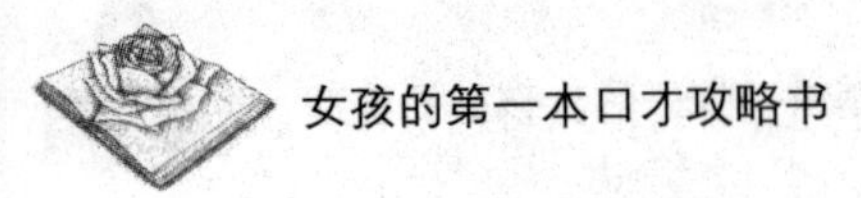

良好口才养成攻略

那么，女孩在展现幽默时，有哪些方法可以助你达到攻其不备的效果呢?

1.先铺垫，再“下手”

当对话自然、流畅地进行时，突然话风陡变，以一个大相近庭的方向结尾，能达到令人瞠目结舌而又幽默十足的效果。而这种效果，离不开前面对话时作的铺垫。好的铺垫，往往能带来强烈的对比，使幽默的效果更加卓著。例如，一位老太太拿着一本旧的作业本来到某位政客面前，让他评判作业本的主人。政客傲慢地说：“这么潦草的字迹，这么破的作业本，这孩子又懒又不听话，不会有什么出息的。”老太太冷笑道：“这是你小时候的杰作。”

2.先“荒唐”，再解释

这是一种转折表达法。先向他人讲述一个令人听来匪夷所思、荒诞不经的结果或观点，当对方莫名其妙时，再给出合理而巧妙的解释。例如，一人听说股市暴跌，忙去问他的朋友最近心情如何。朋友说自己每天睡得像婴儿。那人正惊叹朋友心态好时，朋友解释道：“经常是睡着睡着就哭醒了。”这样，既表达了自己遭遇股市重挫的心情，又不失时机地幽默了一把。

3.先承诺，再“变卦”

当语言和接下来的行动很不一致，形成一定的反差时，有时会带来“冷幽默”的效果，令他人在反应过来时哑然失笑，却又为这种趣味所动容。前文故事中的第二位演讲者，就是利用了这种方式来给自己的演讲制造了演讲内容本身之外的又一重幽默。

知识点链接

“攻其无备，出其不意”出自《孙子·始计》，原文该段为：“计利以听，乃为之势，以佐其外。势者，因利而制权也。兵者，诡道也。故能而示之不能，用而示之不用，近而示之远，远而示之近；利而诱之，乱而取之，实而备之，强而避之，怒而挠之，卑而骄之，佚而劳之，亲而离之。攻其无备，出其不意。此兵家之胜，不可先传也。”

《孙子·始计》为《孙子兵法》的第一篇，讲的是在出兵之前就要考虑好敌我双方的各种条件、因素，估量计算胜负的概率，并以此为根据制订作战计划。《孙子兵法》共十三篇，依次为《始计篇》《作战篇》《谋攻篇》《军形篇》《兵势篇》《虚实篇》《军争篇》《九变篇》《行军篇》《地形篇》《九地篇》《火攻篇》《用间篇》。

百变幽默，总有一种方式适合你

每一种思想，都有不同的表达方式，从语言的选择到语气的运用，从时机的节点到场合的氛围，种种因素都影响着表达的效果，展现着不同的风采。幽默同样也是如此。对于女孩来说，一句风趣之语可以是幽默，一句俏皮回应可以是幽默，有时，甚至只是一句轻轻的娇嗔，也可以带来令人捧腹的效果。

被人们评为美国最伟大总统之一的林肯，是位不折不扣的“幽默行家”。他的风趣幽默，体现在他工作、生活的很多方面，更是有着多种多样的方式。

在美国前后数十位总统中，林肯的其貌不扬，也是出了名的。然而，他自己并不介意，还经常以自己的相貌自嘲。在竞选总统时，民主党人道格拉斯和林肯展开辩论。辩论中，道格拉斯指责林肯是两面派。林肯不慌不忙地回击道："大家不妨想想看——如果我真的有第二副面孔，我还会戴着这张脸吗？"台下的听众无不为林肯的机智幽默打动。

有一次，林肯正在作演讲，台下传来一张纸条。林肯打开一开，上面只有"傻瓜"两个字。林肯明白这是反对派在捣乱，他没有动怒，而是微微一笑，说道："我曾经收到许多纸条，笔者都忘了写自己的名字；而这张纸条恰恰相反，只写了名字。"大家听完，哄堂大笑。林肯就这样轻松地化解了尴尬的气氛。

幽默是一种智慧，而智慧，从不拘泥于某种形式，从不受困于某种教条。通向一个终点的道路，可以有很多条；制造幽默的方式，也可以有许多种。在实际应用中，女孩应从自身特点出发，不断积累、丰富自己的幽默"手段"，让自己成为一个能为大家带来更多欢乐的人。

良好口才养成攻略

那么，在与人交往时，哪些幽默方式值得女孩借鉴呢？

1.一语双关

语义双关，是幽默语言中最古老、最常用的修辞手段之一，通常是利用同音异义词或一词多义的现象形成意思风趣诙谐的幽默效果。例如，姑娘赌气拍了男朋友一巴掌，男朋友说："君子动口不动手。"姑娘立刻说："那好，我动口。"说着咬了男朋友一口，她消了气，男朋友也被逗乐了。这里，"动口"的引申义是讲道理，但姑娘采用了原意，起到了令人不禁莞尔的作用。

2.避实就虚

将对方的实话当作虚话或是将对方的玩笑当作真话，以此把话题继续进行下去。无论你是随口调侃还是装作一本正经，主要目的都是以轻松幽默的方式将可能变严重的问题或凝重的气氛及时解决、改变。例如，丈夫

觉得饭菜很咸，而太太的脾气火爆，这时，丈夫并不直接点出问题，而是问："你家里有盐场的亲戚吗？"妻子回答"没有"后，丈夫用更轻松的语气说："那以后家里的盐还是省着点用吧，供房供车压力可大呢！"妻子明白了丈夫的言外之意，也没有生气，只是一笑置之。

3.张冠李戴

故意将对方的意思曲解，利用指代人称的转换或是断章取义等方法，可以营造出奇妙的幽默效果。故事中林肯把纸条上的"笨蛋"由内容变成签名，就是一种张冠李戴、故意曲解的方法。

知识点链接

"捧腹大笑"一词最早出现于司马迁的《史记·日者列传》。原文为："司马季主捧腹大笑曰：'观大夫类有道术者，今何言之陋也，何辞之野也！'"

这里记载了这样一个故事：西汉年间，中大夫宋忠和博士贾谊来到东市拜访司马季主，他是一个十分有名的占卜专家。他们来到时，司马季主正在教弟子有关于日月运行和阴阳凶吉的学问。宋和贾对司马季主的话听得很入神，并问他为什么愿意做如此低微的工作。司马季主大笑道："难道你们朝堂上那些高官们做的事就高贵吗？"

学会自嘲，你的人缘更上一层楼

任何能力都有高下之分，幽默也是如此。在分出"三六九等"的"幽默品级"中，可以说，"自嘲"，是幽默的上上之品。自嘲不是妄自菲薄，更不是自轻自贱，它是一种极高的境界，是一种只有拥有足够自信和超脱心态的人才能灵活运用的技巧。

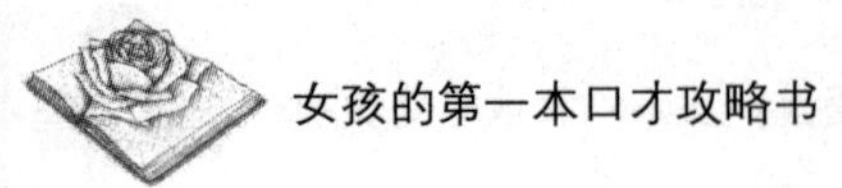

在一次采访中，童话大王郑渊洁以十足的自嘲方式，展现了他的幽默之心和自谦品格。

记者问郑渊洁为什么选择写童话，郑渊洁说："我是懦夫，不敢像刘胡兰那样为改变世界献身，就通过写童话逃避现实。"对于创办《童话大王》月刊，他表示："我心胸特别狭窄，已经狭窄到不能容忍和别的作家在同一报刊上同床共枕。"

当记者觉得郑渊洁一个人写《童话大王》月刊写了20年，十分"不可思议"时，郑渊洁笑道："这是懒惰的表现。写一本月刊写了20年都不思易帜，懒得不可救药。"而面对记者提出的"如果让你给自己写墓志铭，你怎么写"这样的问题，郑渊洁的回答让人拍案叫绝："一个著作等身的文盲葬于此。"

海利·福斯第曾经说过："笑的金科玉律是，不论你想笑别人什么，先笑自己。"自嘲是一种通过自我嘲讽达到自我调节乃至于调节众人心态的法宝。当女孩学会以轻松的口吻开涮自己的缺点或错误时，她的不足或失误之处，往往更容易获得他人的谅解；当女孩懂得主动自嘲以解他人之困时，她在众人心中的印象，更会得到意料之外的升华。

良好口才养成攻略

那么，对于女孩而言，自嘲都有哪些妙处呢？

1.调节气氛

人际交往中，现场的气氛或许会因为彼此的不熟识或差距而紧张，或许会因为某人的错误或某种特殊情况而尴尬，这个时候，一句恰到好处的自嘲，可以让大家莞尔一笑，轻而易举地化解紧张或尴尬等令人不悦的气氛。

2.调整心态

如果造成紧张或尴尬气氛的就是女孩本人，那么自嘲这一举动十分有

利于女孩迅速调整好自己的心态。当错误已经发生，或是他人已经发现女孩的不足时，一味地逃避、遮掩只会让女孩更加紧张，让众人陷入更加不良的气氛。此时，一句轻松幽默的自嘲，不仅可以让他人一笑了之，也能让女孩在良好的气氛中及时调整自己。

3.展现风采

一个敢于自嘲的人，首先是自信的；一个善于自嘲的人，必然是幽默的。一个人只有拥有足够的自信，拥有乐观的心态，才能够正视并敢于放大、暴露自己的缺点与不足，且不吝于以此博人一笑。而能够以自嘲来自我批评、自我检讨并调动众人欢乐情绪的人，本身就有相当强的幽默功力。自信而又幽默的人，如何能让大家不想亲近呢？

知识点链接

“金科玉律”一词最早在《剧秦美新》一文中出现，原本用来形容法令条文的尽善尽美，后来逐渐用来比喻必须遵守、不能变更的守则，信条。

《剧秦美新》的作者是生活于两汉之交时期的文学家扬雄。西汉末年，王莽代汉自立，改国号为新。扬雄仿照司马相如为汉武帝所作的《封禅文》，为王莽作《剧秦美新》一文。在这篇文章中，扬雄斥责秦朝暴政，对秦始皇统一度量衡、焚书等事进行抨击，美化新朝，为王莽歌功颂德。

王莽政权经16年即被推翻，刘氏政权复立，因此《剧秦美新》一文曾被看作是大文学家扬雄的“白圭之玷”。

冷暖相宜，学会掌握幽默的温度

任何事物都有它合适的温度，幽默也是如此。如果将幽默比喻为水，那么，最受普通大众欢迎的，相信永远是那一杯不冷不烫、温度适宜的温水，也即是那一份冷暖相宜、不浓不淡的幽默。对于女孩来说，如果说插科打诨、动辄让人哈哈大笑的幽默有些过于热烈，那么晦涩难懂、总是令人费解无感的幽默也难逃枯燥、冷僻之嫌。

办公室新来的张洁，为了能尽快融入这个新的大家庭，可谓煞费苦心。经过一段时间的观察，她发现整个办公室的氛围十分融洽，大家其乐融融，每个同事都爱说笑，尤其那几个男同事，更是好玩闹的人，经常逗得众人喜笑颜开。

从小就“笨口拙舌”的张洁决心好好改造自己。这不，眼见最近办公室流行“冷笑话”，她赶紧废寝忘食地上网搜索，从一大堆冷笑话中挑出自己看了都“汗毛直立”的几个，背下来后讲给同事们听。同事们听了，个个儿变得“愣头愣脑”，好半天都弄不清张洁想表达什么。几个反应快的小伙子想明白后，赶紧干笑几声，算是给张洁捧场。

张洁讲了一段时间冷笑话后，发现自己的“人气”不升反降，又开始改变战略，恶补起了那些专门恶搞的综艺节目。她甚至买来和节目主持人一样夸张的饰品，模仿主持人的腔调和动作，在工休时间给大家表演。这次的“笑果”令张洁十分满意，大家都乐得前仰后合，连午觉都睡不着了。

然而，时间久了，张洁又有了新的烦恼。大家笑归笑，却并没有对她展现出进一步的好感。就连那个曾经偷偷给她塞情书的男同事，对她的态度也渐渐冷淡了。

老舍先生曾经说：“人的才能不一样，有的人会幽默，有的人不会，不会幽默的人最好不必勉强。”对于每个人来说，幽默的定义不尽相同，能够接受的幽默的温度也不一样。女孩想要变成大受欢迎的幽默之人，至少要先让自己的幽默温度合乎大众的接受程度。否则，只会令他人觉得你是“勉强幽默”的人，不仅索然无味，而且相处不如回避。

良好口才养成攻略

那么，女孩该怎样做，才能让自己的幽默冷热适中、众口皆宜呢？

1.少用晦涩、专业的语言

幽默可以展现风采，体现学识，但幽默是为了润滑人际关系，为了让我们更好地融入自己的社交圈子，而不是为了表现而刻意为之。女孩的幽默，应当婉转含蓄，但绝不应晦涩难懂。有些人总喜欢用一些专业术语或是大众不甚理解的晦涩之言来体现自己的博学，然而就在他得意洋洋地“玩转幽默”时，其他人大多丈二和尚摸不着头脑。他的一番显摆，也就白费了功夫，有时甚至还会让人觉得此人不善沟通、难以交流。

2.少用过于粗俗、直白的语言

幽默不是闹剧，尤其对于女孩来说，幽默更不是哗众取宠，不是跳梁小丑般地刻意表演。有些人误解了幽默的含义，为了提升自己的“幽默能力”，总是从一些无厘头电影或恶搞的综艺节目中生搬硬套一些台词或是段子来丰富自己的语言。有的人甚至不惜以刻意丑化自己为手段来博人一笑。这种笑话不仅毫无营养，也会让女孩的形象大打折扣。女性的幽默，应当是自然的、从容的、含蓄而又智慧的。

3.要有内容，也要有情感

女孩的幽默应当有丰富的内涵，让人在会心一笑之后还能有绵延的回味。一句俏皮的回答，体现着女孩的智慧，女孩的涵养，以及女孩对于人生积极乐观的态度。同时，幽默也要注意情感倾向。幽默可以是一种善意的调侃，一种委婉的提点，但不应是刻薄的挖苦，或是冷漠的嘲笑。

知识点链接

老舍（1899～1966），中国现代著名小说家、剧作家、杰出的语言大师，也是新中国第一位获得“人民艺术家”称号的作家。老舍原名舒庆春，字舍予，出生于北京，满族正红旗人。1924年，老舍赴英，在伦敦大学东方学院任教，期间开始长篇小说的创作。1930年回国后，先后在齐鲁大学、青岛大学任教。1949年以后，任中国作家协会副主席、北京市文联主席等。1966年，含冤自沉于北京太平湖。

老舍先生著作等身，代表作有《二马》《老张的哲学》《月牙儿》《离婚》《赵子曰》《正红旗下》《骆驼祥子》《四世同堂》《茶馆》《龙须沟》等。1968年，老舍先生获诺贝尔文学奖提名，且获得最高投票数，惜彼时先生已故，该奖项最终颁发给日本作家川端康成。

第06章

说拒绝的话：掌握几个绝妙的方法

学会说“不”，是我们每个人人生中必须迈出的一步。说“不”，是一种技巧，更是一种智慧。喜剧大师卓别林曾经说过：“学会说‘不’吧！那你的生活将会美好得多。”社会生活中，谁也不需要强迫自己做来者不拒的老好人，谁也没有能力做拯救全人类的超人。理智地拒绝，不仅是对自己的保护，更是对他人的负责。聪明地拒绝，不仅是一种处世的技巧，更是一种温暖的善意。女孩们，坚守好自己的原则和底线，有限度地接受他人的请求。对于那些自己能力之外、兴趣之外、意志之外的请求，用最适当的方式，在最适当的时间，勇敢地说出那个“不”字。

不要勉强，该拒绝时你要当机立断

工作生活中，女孩需要与各式各样的人打交道、讲交情，你来我往之间，难免会有往来互助的交集。然而有些时候，面对他人那些超出你的能力范围、勉强你的兴趣心情、绑架你的意志时间，甚至是蛮不讲理、胡搅蛮缠的要求时，女孩又该如何选择呢?

“三脚架”公司的老板波·皮巴迪还是个毛头小伙子时，他像大多数年轻人那样直率坦荡，年轻气盛。这一年，他申请了威廉姆斯学院。正是通过这次经历，让他实实在在地体会到了敢于说“不”的好处。

享誉全球的威廉姆斯学院，其选拔新生的严苛程度可谓举世皆知，令许多优秀学子都望而却步。平均每一千名向辅导员提出申请的学生中，只有5人可以再正式申请；而这5份正式申请中，最后只有其中1份的主人能如愿以偿。所有人都认为皮巴迪进入学院的概率是0，因为，在众多的申请者中，他不是凤毛麟角，而是差得数一数二。

几天后，结果出来了。皮巴迪看着手中的落选通知书，不愿意放弃。他想方设法弄到了负责招生的科尼利厄斯·雷福特的电话。电话接通后，皮巴迪首先自报家门，向雷福特介绍了自己，“你好，我叫波·皮巴迪。”随后，他向这位招生委员会的副主任表达了自己的意愿，“我不接受你们的决定。”

电话那头的雷福特愣了好一会儿才回过神来，他让皮巴迪再重复一遍刚才的话语。

“我很想成为威廉姆斯学校的一名学生。我需要向您道歉，为了此刻我这冒昧的行为。但是，对于贵校作出的决定，我不能接受，我拒绝。我一定要进入威廉姆斯学院。不管是一年后、两年后，还是十年后，不论要等到哪一天。从现在开始，我将每年交一份申请给你们，直到能够得偿所愿。”

雷福特听了这话，又沉默了好一会儿。而当他的声音再次响起时，皮巴迪已经美梦成真：“嘿，小伙子！你的做法令我觉得很有趣，我从没接过这样的电话。我们不如来看看接下来该做些什么吧！”

没过多久，威廉姆斯学院的录取通知书就躺在了皮巴迪手中。他的一声及时而巧妙的“不”，令成绩不如他人的自己引起了招生主任的注意，从而为自己赢得了机遇。

在他人心中维持自己的良好形象，是大部分社会人的重要心理需求。也正因为如此，面对一些无法接受的请求，有些人虽是万分不愿，仍旧应允下来，只为了不损害自己那“乐于助人”的形象。然而，勉强应承的事，不仅自己做来心中不悦，若无法兑现，还有可能遭到对方的误解，以致事与愿违。其实，说“不”并不是一件很困难的事，关键在于说“不”的技巧。只要女孩能够以一种恰当的方式巧妙地拒绝，同样能收到皆大欢喜的效果。

良好口才养成攻略

那么，拒绝他人时，有那些方法可以令对方了解我们意图，而又不至于产生不满呢？下面为女孩简单介绍几种方法。

1.主动拉开距离

当平日来往甚少、并不熟识的人发出要求帮助的信息时，女孩若想拒绝，就应该在最短的时间拉开彼此的距离，让对方彼此之间被对方刻意拉近的关系重新回到初识甚至未识之时。此时，女孩不必刻意强调两人的生

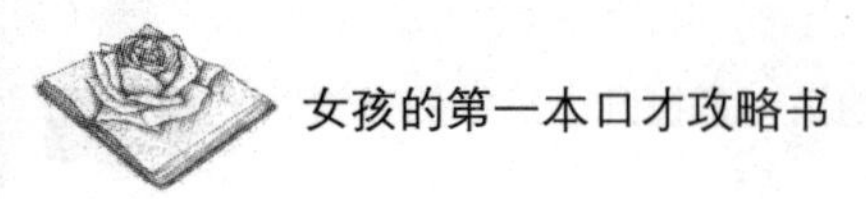

疏，只须严肃一点，讲几句礼貌的客套话，就能让对方明白你已经重新界定了彼此之间的距离。如此，便不需一句拒绝之语，却已将对方拒绝。

2.给对方来顶高帽子

当女孩想拒绝超出自己能力范围的要求时，可以尝试为对方戴上一顶高帽子。适当吹捧对方，等于向在对方传递一个信息：在我和你之间，你才是强者。在人们的概念中，强者是不需要向弱者求助的，也是不应该的。同时，女孩也要适当地贬低自己，降低对方心中的期望值，令其打消幻想。如此一来，只要对方接过了你的高帽子，并且认同了你对自己的贬低，那么他就无法再开口向你要求什么。

3.让他知道为什么

很多人不敢拒绝他人，往往是因为怕“得罪”朋友。其实，这种想法无异于将他人都想得太过小肚鸡肠。相信我们身边的朋友大部分都是愿意体谅、包容我们的大度之人，否则，我们也不会与他们成为朋友。因此，当女孩拒绝了朋友的要求时，大可以开诚布公地告诉朋友自己为什么拒绝。只要你的态度诚恳，理由合适，朋友便能感受到你的诚意，也会接受你的歉意。而你对他表示出的尊重，也会令他心中感到温暖。

知识点链接

“胡搅蛮缠”一词，语出明代杨尔曾所著的《韩湘子全传》第二十八回：“我两个是惯弄障眼法儿的，你们快去投别人做师父，莫在此胡缠乱搅。”

这个词中的“胡”，是指北方人，“蛮”是指南方人。在古代，中国以华夏为尊，人们认为周朝国土之外的四方外族不受周礼教化，因此指他们为“北胡南蛮，东夷西戎”。而在古人看来，胡人爱搅和，蛮人好纠缠，因此并列成词语“胡搅蛮缠”。

杨尔曾，浙江钱塘人，生卒年不详，约明朝万历四十年前后在世，字圣鲁，号雉衡山人，又号夷白主人。杨尔曾一生喜好编刊通俗书籍，编有

小说《东西晋演义》十二卷五十回，《韩湘子全传》三十回，《中国通俗小说书目》中刊有《图绘宗彝》《海内奇观》等，在当时十分流行。

委婉一点，拒绝留一线日后好相见

很多时候，我们无法轻易拒绝他人，往往是因为不忍心拒绝、不善于拒绝。我们不愿看到满怀着希望向我们提出请求的人失望而去，我们不知道怎样表达出自己的意愿才能让对方真切地体会到我们的难处，才能让双方不至于因为这次拒绝而不欢而散。其实，拒绝他人可以有很多种方式为对方留住体面，为自己留下余地。

这天，大雷主动邀亮子下班后去小酌两杯。亮子原本还很纳闷，从不肯交际应酬、主动请客的大雷，今天怎么像变了个人似的？

酒桌上，两人碰了四五次杯后，亮子才从大雷吞吞吐吐的话中听出他的意思：借钱。原来，大雷背着老婆，用准备买房子的钱炒股，结果赔得一塌糊涂。眼见着下周末就要去交首付了，大雷怕老婆发现钱少了跟他闹，所以想找亮子借些钱应急。

虽说两人平日里交情并不深厚，但亮子是个热心肠的人，身边的朋友同事有需要他帮忙的地方，他只要帮得上，就不会袖手旁观。可今天的亮子虽然有心帮大雷一把，却有口难言：原来，他今天早上才知道，老婆没和他商量，就把家里所有的存款提了出来，让小舅子拿去换新车。他有心把实情告诉大雷，却又怕大雷不相信有这么巧的事，反倒认为他故意找借口搪塞。况且，他的小舅子经常开着之前那辆高级跑车来他们单位门口招摇，谁都很难相信他又要换车了。于是，亮子只能打着哈哈，又跟大雷喝了几杯酒。

直到一瓶酒见底，亮子也没有接过大雷的话茬，只是偶尔点评两句酒菜。大雷见亮子没有表示，只是不时抬起手腕看看手表，他也明白了亮子

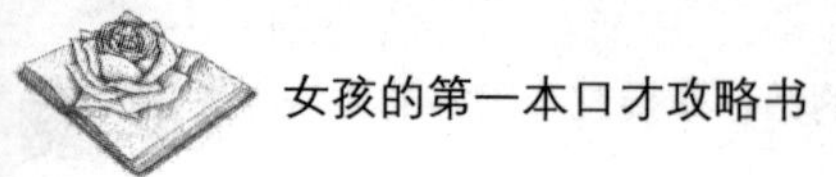

的意思，便说："我也是心里不痛快，才找你喝点儿酒，聊会儿天。现在也不早了，咱们回吧。"

避开对方殷切的目光，拒绝对方为难的请求，对于内心柔软、热情善良的女孩来说，从来不是一件容易的事。然而，只要女孩方式得当、态度得体，拒绝他人也不是一件难事。面对自己无法应承的要求，女孩无须直截了当地回答"不"，大可以运用各种委婉的暗示，让对方明白你的意思，主动放弃。

良好口才养成攻略

那么，女孩在拒绝他人时，可以采用哪些委婉的方式来暗示对方呢？下面简单介绍几种。

1.沉默是金

面对他人的请求，女孩无法答应又不愿直接拒绝时，先不要急着开口说话，不妨以沉默来表明自己爱莫能助、无力应承。当女孩默不作声的状态维持一段时间后，对方大多数情况下都能明白女孩的态度。而沉默的应答，也给双方都留下了退路，让求助者不至于直面被拒绝的尴尬，也让女孩无须为难地开口。如今，很多用人单位在招聘时，也会采取这样的方式来婉拒没有达标的应聘者。应聘者在一段时间内没有收到答复，便心领神会。这样的方式，也免去了双方再次面对面讨论这并不愉快的话题的必要。

2.含糊其辞

用含糊不清的言辞表明自己的态度，也是委婉拒绝他人时常用的方式。从你口中说出的话模模糊糊，让对方听出的意思清清楚楚，是这种方式的关键所在。例如，某位编辑在退还某作者的稿子时表示"这种风格并不是很适合当今的市场，要不您再琢磨琢磨"。"风格"是一个很难量化的标准，而作者该怎么"琢磨"，这是无法具体言明的。编辑并没有直言

作品不行或是不好，而是以一个模糊的，甚至有些“主观”的概念，向作者表达了拒绝的意思。

3.运用肢体语言

我们在表达自己的意图时，多会采用有声语言，直接、明了地传情达意。而有些时候，无声语言更能帮助我们倾诉心声、化解难题。尤其在无法直接开口拒绝他人时，许多肢体语言，更是我们不可或缺的“法宝”。例如，不想再与某人继续交流时，我们常常会不停地看表，以示自己时间紧促，还有别的工作；想表现出自己疲惫的状态，我们可以揉眼睛、转动脖子、揉太阳穴等。肢体语言配合沉默的状态或模糊的言辞，都能让女孩的拒绝更加委婉，也更加容易实现。

知识点链接

“含糊其辞”一词，出自宋代袁燮所著的《絜斋集》第十八卷，意为话说得含含糊糊，不清不楚；通常用来形容因为有顾忌所以不把话照直说出来。原文为：“是非予夺，多含糊其辞；公则不然，可则曰可，否则曰否。”

袁燮，南宋政治人物、哲学家、教育家，字叔和，庆元府鄞县（今浙江宁波）人。为人博学广知，被学者们称为“絜斋先生”。他是当时浙东四明学派的代表人物之一，与沈焕（字叔晦，南宋思想家，心学大家）、舒璘（字元质，一字元宾，学者称其为“广平先生”，南宋思想家）、杨简（字敬仲，号慈湖，南宋学者）并称为“明州淳熙四先生”。在城南书院讲学时，袁燮教导学生要“反躬切己，忠信笃实”。

袁燮晚年被朝廷起用，出任温州知州，进直学士，后于宋宁宗嘉定十七年卒，享年八十一岁，谥正献。一生共著有《絜斋集》二十四卷、《絜斋后集》十三卷、《絜斋毛诗经筵讲义》《絜斋家塾书钞》，其后人袁士杰编纂《袁正献公遗文钞》。

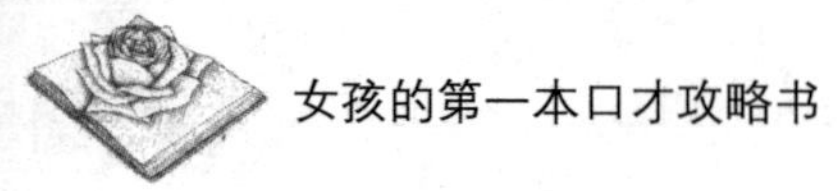

幽默一点，相视一笑时已巧妙拒绝

无论面对亲人、朋友，还是同事、浅交之人，无论是有心无力还是不愿插手，拒绝的话，总是让人很难脱口而出。尤其对于面薄心软的女孩来说，艰难地拒绝他人后，却弄得自己比被拒者还要难过。想要避免这样尴尬、不快的局面，女孩在拒绝他人时，不妨尝试以一种幽默的方式道出自己的拒绝之语。

小林是个活泼好动的小伙子，平时就爱和三五好友出去游玩。钓鱼、爬山、骑行、棋牌，只要跟“玩”沾边，没有他不感兴趣的。

结婚后，小林依然故我，每逢周末就和几个同事一起出去放松玩乐。而妻子小琴偏偏是个好静不好动的人，每次小林要她一起出门，她都推三阻四，不肯同行。况且，家里只有夫妻两人，平时工作又忙，只有周末有空做家务，小林回回周末不在家，家务只能小琴承包。

这天，周五下班时，同事又邀请小林周末一起活动，“我看天气预报了，明天可是个钓鱼的好天气。怎么着，一起去吧？”

小林却没有往日的兴奋，只是叹了一口气，见同事们都面面相觑，只好苦笑着说：“我这人哪，从小爱玩，到大了还是这个脾气。可是啊，就是因为结婚半年了还周周出来玩，所以这周必须回去把家里的葡萄架子修好啊！”原来，就在前两日，小林夫妻刚因为周末做家务的事吵了一架。

大家先是一愣，继而纷纷笑起来。老王更是忍俊不禁，勾过小林的肩膀说：“修葡萄架，我有经验，要不要教你几招？”

幽默是人际关系的润滑剂，是交流气氛的调味品。很多自己难以开口、对方难以入耳的话，在幽默的调剂下，会变得顺口、顺耳得多。女孩真诚的态度与幽默的语言，能让双方从拒绝与被拒绝的尴尬气氛中解脱出来，在轻松活泼的氛围中相视一笑，在心照不宣中温和而又默契地翻过这一页。

良好口才养成攻略

那么，女孩想要以幽默的方式拒绝他人，可以采用哪些方法呢？

1.假设

假设式幽默拒绝的使用方法大致为：先顺着对方的思路、观点推论下去，假设事物真的按照对方设想的那样去发展，或是完全反其道而行之，然后推理出一个荒诞、离奇的结局，从而产生幽默的效果。例如，著名剧作家萧伯纳曾经收到一封来自舞蹈家邓肯的信，信中，邓肯向萧伯纳表达了自己的爱慕之意，并写道："如果我们两个能够结合，我们的孩子将会拥有你的智慧和我的身姿，那是一件多么美妙的事啊！"萧伯纳没有直接回绝邓肯的求爱，而是在回信中幽默地说："那倒未必。如果这个孩子继承了我的身材和你的头脑，那该是多么不幸的事啊！"这封幽默感十足的拒绝信，并没有让邓肯心中怨怼，反而令她更加欣赏萧伯纳的才华，成为了他最忠实的朋友和读者。

2.比喻

通过打比方的方式来拒绝他人，一来使得双方不必直接成为拒绝方与被拒方，避免了拒绝有可能带来的尴尬与冲突，维护了被拒者的面子；二来也可以令对方体会你的心意，在哈哈一笑中轻松领悟并接受这次拒绝。例如，有一位外国女性读者读过《围城》后，被钱钟书的才华深深撼动。她通过各种方式，终于联系到了钱钟书，向他表达了崇敬之心，并表示想拜访钱先生。钱钟书一生不好虚荣，对于这次求见，他也婉拒了："如果您吃了一个鸡蛋觉得还不错，那又何必非要见见那只下蛋的母鸡呢？"钱先生的比喻妙趣横生，既婉转地拒绝了女读者，又令女读者在莞尔之余不至于太失落。

3.转折

在运用转折式幽默拒绝时，女孩可以先故作深沉、神秘，在对方急于知道答案或是莫名其妙时，出其不意地突然转折，使其在措手不及中开怀大笑。事例中的小林，就是采用了转折法。他先强调自己是个爱玩的人，令同事们都纳闷：既是这样，怎么我们约你去钓鱼你还一脸惆怅？然后，他突然口风一转，用幽默的语言表达了自己的难处，令同事们恍然大悟，一笑置之。

知识点链接

“脱口而出”一词，出自王国维《人间词话》卷五十六：“大家之作，其言情也必沁人心脾；其写景也必豁人耳目。其辞脱口而出，无矫柔装束之态。”

王国维，浙江海宁人，中国近现代相交时期著名学者，集文学、史学、美学、考古学、词学、金石学与翻译理论于一身，享有国际声誉。初名国桢，字静安，一字伯隅，初号礼堂，晚号观堂，又号永观，谥忠悫（清废帝溥仪赐）。王国维一生著作颇丰，生前遗作六十多种，批校古籍两百余种。他自行编定了《观堂集林》《静安文集》刊行。他逝世后，世人又将其作品编成《遗书》《全集》《书信集》等出版。时至今日，人们已整理出版了大量他的遗著、佚著。

拉人挡箭，学会用第三人拒绝对方

当女孩无法直接开口拒绝别人，却又不知该如何婉转相拒时，不妨试着找出一块“挡箭牌”，借第三方的口，死求助者的心。由于第三方介入，因此从形式上来看，女孩的拒绝并非出自本意，而是“不得已而为之”。而借助第三方拒绝他人时，第三方往往不在现场，因此也会令求助者自觉无损颜面，不至于尴尬太过。

在《红楼梦》第三回中，林黛玉抛父进京都，来到了贾府。在荣国府中，见过贾母等人后，便前去拜见两个舅舅。在大舅舅贾赦处，舅母邢夫人“苦留吃过晚饭去”，黛玉笑着答道：“舅母爱惜赐饭，原不应辞，只是还要过去拜见二舅舅，恐领了赐去不恭，异日再领，未为不可。望舅母容谅。”邢夫人听说，笑道：“这倒是了。”遂令两三个嬷嬷用方才的车好生送了姑娘过去，于是黛玉告辞。

黛玉这一番拒绝十分得体，她没有直接回绝邢夫人的邀请，而是以要见二舅舅为名，谢绝了舅母的赐饭，既表现出对邢夫人的感激和尊敬，又体现了自己懂礼知节的风范。邢夫人非但不恼，反而更加欣赏这个外甥女。黛玉一进贾府便“步步留心，时时在意”，唯恐做了什么错事遭人耻笑。从这一处小细节上，我们便看出了黛玉处处留心、小心翼翼的状态。

拉人挡箭，是一种十分机智的拒绝方式。第三方的观点、第三方的“证词”、第三方的规定、第三方的身份……都可以成为女孩拒绝他人的理由。被抬出的第三方，往往是求助者应当尊重的、需要顾及的。因此，一旦女孩请出挡箭牌，求助者通常便不再勉强。如此一来，女孩借助他人的口，不仅推卸了自己的责任，也在对方无法反驳的同时，成功让自己金蝉脱壳。

良好口才养成攻略

那么，哪些人适合成为女孩的“挡箭牌”，做女孩拒绝他人的理由呢？

1.公司、单位

公司的规则、单位的章程，往往可以成为女孩拒绝他人的绝佳“武器”。公司（或单位）代表的是一个集体，公司的规则代表了集体的利益和规范，在某个范围内具有一种公共的约束力。当以公司的名义拒绝他人时，女孩代表的不是个人，而是集体；表达的也不是个人态度，而是一种集体的意愿。例如，“对不起，不是我不愿给你报销，而是销售科这个月的应酬费用已经超出了公司的新规定。”或是，“亲爱的，你的工作问题我也在想办法帮你解决，可是如果你想进我们公司的话，公司规定同事之间不许谈恋爱，你能接受吗？”这样一来，女孩即表示了拒绝对方并非自己所愿的态度，也让对方无法再纠缠下去。

2.长辈、领导

借助长辈或领导的名义拒绝他人，不仅体现了女孩尊老敬上、循规蹈矩，也能让女孩在拒绝同辈或同级时一招致胜，免去许多不必要的麻烦和尴尬。例如，“陈总特意在公司会议上嘱咐你写这篇稿子，你非要我帮你写。我的文笔风格陈总再熟悉不过了，被他发现了，我们都跑不掉啊！”或者，“亲爱的，我也想多陪你一会儿。可是已经很晚了，爸爸最讨厌我晚归了。你一定不忍心让我被他骂吧！”对于每一个人来说，长辈、领导都象征着权力、威严，他们高高在上，令人不敢忤逆。女孩只要搬出他们做挡箭牌，相信被拒者也能体谅到你的苦衷。

3.爱人

当自己的爱人与自己不处于相同的社交圈时，女孩在拒绝他人的请求时，完全可以将爱人拖来为自己挡箭。例如，“真不好意思，家里的车钥匙不归我管。我老公那人，爱车如命，比在乎我还在乎车，为了这个我们没少吵架。恐怕我没法答应借你车了。”或者，“借钱这事，我真得和男朋友商量下。我这人花钱没数，没什么积蓄，存折上的钱基本上都是他赚的。”俗话说“疏不间亲”，在人们心中，每个人最亲密、最贴心的人就是伴侣，谁也不愿自己的请求破坏某对伴侣之间的感情。因此，当女孩以爱人为借口拒绝他人时，对方往往会默然接受这样的结果。此外，因为爱人与对方并不处于一个社交圈，所以这样的拒绝也不会引起对方太多的抱怨。

4.朋友、同事

从亲密度、权威度来说，朋友或同事并不适合直接成为女孩拒绝他人的借口，但是女孩可以用朋友或同事来“作证”，证明自己所言非虚，拒绝并非有意。例如，“今晚不行，小倩早就和我约好要去逛商场。”或

者，“你问丽丽，从小我数学就没及格过，帮你做账本这事我真没办法答应。”这样，借助朋友或同事的口来坐实你的那些理由，言之凿凿之余让对方无法再纠缠下去，也难以埋怨你。

知识点链接

“金蝉脱壳”一词，出自《三十六计》。《三十六计》又叫作“三十六策”，是中国古代三十六个兵法策略，这种称呼源自南北朝时，具体成书是在明清之时。

《三十六计》共包括：金蝉脱壳、抛砖引玉、借刀杀人、以逸待劳、擒贼擒王、趁火打劫、关门捉贼、浑水摸鱼、打草惊蛇、瞒天过海、反间计、笑里藏刀、顺手牵羊、调虎离山、李代桃僵、指桑骂槐、隔岸观火、树上开花、暗度陈仓、走为上、假痴不癫、欲擒故纵、釜底抽薪、空城计、苦肉计、远交近攻、反客为主、上屋抽梯、偷梁换柱、无中生有、美人计、借尸还魂、声东击西、围魏救赵、连环计、假道伐虢。

面对异性，女孩说“不”要把握分寸

热情洋溢的青春岁月，每个女孩心中都藏着一份对于爱情的向往。花前月下、你侬我侬，是爱情美好的模样，更是女孩们浪漫的梦田。然而，并不是每一种爱情都令人感到幸福，并不是每一种追求都能让人欣然受之。面对那些无法接受的异性，女孩又该怎样拒绝呢？

大四下学期，大家都为了实习四处奔走。曼书的寝室已经三个月没有住满过。这天，大家回校领取一些证件，难得聚在了一起。四个小姐妹秉灯夜谈，其他三人都兴奋不已，倾诉离别思情，唯有曼书闷闷不乐。

任雪发现了曼书的异样，便终止了大家的话题，对着曼书打趣道：

“怎么了，向来不知人间愁苦的曼书竟皱起了眉头。难道是被哪个臭小子弄得魂不守舍了？”

曼书闻言，突然眼前一亮，说道：“对了，任雪，你能帮我。是这样，我实习的单位里有个小伙子，从我进了单位就开始追我，可是我对他没什么感觉，而且我现在也没有心思谈恋爱。想拒绝他，又怕搞砸了同事之间的关系。你能教我吗？你是我们的系花，那么多追求者被你拒绝了也从不说你一句不好。”

“这有什么难！他约你的时候，你就不要答应，也不要直接拒绝，就说要回去加班。他向你献殷情的时候，他想帮你干什么，你就都自己干，什么事也别求到他。他要说当你妹妹什么的一样疼爱，赶紧打住！没有血缘关系做什么兄妹！最简单的方法，就是你说有男朋友了，让他直接死心。只要你别把话说得太绝，一般男人是不至于记恨你的。”

曼书点了点头，记下了这些。到了毕业时，她终于能和姐妹们一起开怀地笑着拍毕业照了。

爱情，是人类永恒的主题，是人们咏不尽的诗歌。美好的爱情令人心驰神往，但有些恼人的追逐，则令女孩倍感头痛。拒绝异性，需要女孩鼓足勇气、下定决心，也需要女孩方式得体、分寸适宜。否则，由爱生恨的情绪，很可能化为一把烈火，毁灭追求者的理智，更灼伤女孩的身心。

良好口才养成攻略

那么，在拒绝异性的追求时，女孩需要注意哪些方面呢？

1.千万不可当众拒绝

不论内心多么强大的男人，对于他而言，女性的当众拒绝，都是一场足可灭顶的灾难。中国人历来讲究“面子”，尤其对于男性来说，人前的面子，有时足以胜过一切。面对异性的追求，女孩即便无心接受，也不能当众拒绝。有些时候，一些胆怯或抱有炫耀心理的男性，喜欢呼朋唤友或

是引来观众，在众人的注目下向女孩表白。在这种时候，女孩最好当时默许或将对方带到无人之处，事后说明情由。如此，即便最终拒绝了对方，对方也会感激你在大庭广众之下维护了他的自尊，从而不至怨恨。

2.不要忘记说“谢谢”

当异性向女孩直接或间接地表达爱意，如直接告白或邀请女孩约会时，女孩无论是想直接拒绝，还是希望有所考虑或确定接受，都不要忘记表示出你的谢意。尤其是在拒绝对方时，一声真挚的谢谢，可以为对方保留颜面，令他不至于受到重挫。如此，能够很大程度上降低对方心中的失落与不悦。

3.找到适当的托词

若对方尚未表白，一直用委婉的方式表达爱意，如邀请女孩去电影院、咖啡馆、海洋馆等具有浓厚的情侣约会氛围的地点，对于此类的邀请，女孩若答应，无异于向对方释放了一个信号：我愿意与你有一进步的发展。因此，如果女孩打定主意拒绝对方的追求，那么在对方发出此类的邀请时，应找出一个合适的借口来推辞，如“最近工作忙”，“这部电影我早就跟闺蜜约好了一起看首映”等。适当的借口，为双方都留下了余地，女孩不必直言拒绝对方的追求，对方也不必承受因为一次试探就被拆穿、被羞辱的风险。

4.划清界限

不可否认，我们身边有些女孩，因为不忍心看到对方被拒后受伤的模样，所以用“蓝颜知己”“弟弟”“哥哥”这样的身份来安慰对方。殊不知，这是一种极其危险的尝试，这样的决定只会让对方心存侥幸，只会给对方继续纠缠的机会。他会一边打着朋友、哥哥的旗号关心你、陪伴你，一边在心中不断滋生着别样的念头。如此当断不断，只恐日后会带来更多的麻烦。

5.因人而异

拒绝异性时，面对不同的人，女孩也要学会采取不同的方式。例如，如果对方是纠缠不放、自以为是的人，那么女孩要尽量与他保持各种距离，哪怕是偶尔请他帮忙签到也要避免。如果对方是隐忍多情、默默付出的人，那么女孩要及时让他明白自己的心意，并多向他强调自己的情感状况，如“你觉得我的男朋友怎么样”。

6.咬紧牙关

在拒绝了某人的追求后，女孩一定要懂得保持静默，千万不能到处“炫耀”自己的魅力。世上没有不透风的墙，你和任何一个陌生人之间所间隔的人不会超过六个，那些炫耀、自夸，甚至带有蔑视对方意味的语言，总有一天会传入对方的耳朵，这会让你原本为他保全颜面的私下拒绝变得与当众拒绝没什么两样。如果双方存在共同的社交圈，那么这些话语的杀伤力将更加可怕。它将撕毁男性最看重的尊严，也将销蚀你在其他异性心中的好感。

知识点链接

“因人而异”一词出自鲁迅的《淮风月谈·难得糊涂》，原句为：“然而风格和情绪、倾向之类，不但因人而异，而且因事而异，因时而异。”《淮风月谈》是一本散文集，收录了鲁迅于1933年间创作的64篇杂文。

鲁迅一生创作了大量杂文，其生前创作而未及合辑出版的杂文作品，在其死后由许广平、蔡元培等人整理出版，收入第一版《鲁迅全集》中。因时间关系，难免存在疏漏。其后，唐弢又整理出《鲁迅全集补遗》和《鲁迅全集补遗续编》，其中的文章后来纳入各种版本的鲁迅全集中。目前较为流行的各本杂文集名称，为2005年人民文学出版社出版《鲁迅全集》时整理、命名的版本。包括：

《热风》《华盖集》《华盖集续编》《坟》《三闲集》《二心集》《而已集》《南腔北调集》《伪自由书》《淮风月谈》《花边文学》《且介亭杂文》《且介亭杂文二编》《且介亭文集末编》《集外集》《集外集拾遗》《集外集拾遗补编》《续编的续编》。

第07章

批评的智慧：逆耳的忠言也不伤人

犯错，仿佛是人们与生俱来的一种“能力”。纵观寰宇，谁敢昂首挺胸、指天立誓地说一声“我这一生从未犯错”呢？面对他人的错误，放任不管自是不该，而如何批评，也需要批评者掌握相当的技巧。批评，不是为了指责，不是为了泄愤，而是为了犯错者能够更好地认识到自身的错误，从而努力改正、不断进步。女孩们，你的批评技巧如何呢？你能够让被批评者心服口服地接受、追根溯源地认清错误吗？

他人犯错，女孩万不可“横眉立目”

对于有些人来说，犯错是“家常便饭”，认错却是“蜀道之难”，若再被人当面指责，那更是“奇耻大辱”。对于每一个人来说，尊严是必需的心理需求；对于很多人来说，虚荣时常作祟。因此，面对他人的批评或指责，人们往往会生出抵触情绪。然而，长于社交、善用口才的女孩，她们并不会因为顾及自己的人脉或形象而对他人的错误三缄其口，而是会用一种巧妙的方式，委婉地为对方敲醒警钟。

白手起家的赤木经过几十年的打拼，终于有了自己的工厂。因为出身底层，所以他特别体贴工人。工作中发现了工人的错误，从不会疾言厉色地批评，而是以自己特有的方式来教化工人。

这天中午，赤木来到车间，发现几个工人正围在“禁止吸烟”的标志下边吞云吐雾边打扑克。他没有动怒，只是慢慢地走过去，对因为他的出现而手足无措的违纪“烟枪”们说：“嘿，小伙子们，看到你们在大中午精神还这么好，我真高兴。我这里有一盒高级雪茄，是别人送的，我还没舍得开封呢！你们愿意赏脸陪我出去品尝一根吗？”正在努力隐藏烟头的工人们听到这话，赶紧簇拥着赤木走出车间。

从这以后，再也没人在车间里吸烟。工人们养成了自觉午休的习惯，中午的小憩，让他们在下午干活时精神更加饱满，注意力也更加集中。工厂的效益，也就不言而喻了。

几乎每个人对于自身的评价都是高于实际的，都是高人一等的。因此，当人们犯了错误或是显露出缺点时，往往很难接受他人的指责和批评。很多时候，婉转建议所收到的效果，远远超过直接批评。因此，女孩在社会交际中，如果想要帮助犯错之人改正错误，不妨委婉一点，巧妙一点。

良好口才养成攻略

女孩在指出他人错误时，有哪些方法可以让自己的话更加婉转呢？

1.态度温和

温和的态度，让女孩更平易近人，也让沟通更加轻松。无论女孩与他人交流的内容是什么，平和而温柔的语气、神态，是让对方保持沟通兴趣的前提。尤其是当女孩提出与对方相悖的意见乃至批评对方时，这样的态度能够减轻对方的对抗情绪，让沟通更有效。

2.言语风趣

幽默是人际关系最好的润滑剂。幽默的女孩，让人不自觉地想要靠近。风趣的语言，能让原本尴尬或紧张的气氛变得愉悦、惬意，也能让对方在哈哈一笑时，舒缓情绪，降低防备心理，更容易接受女孩的意见。

3.间接提示

直截了当的批评，是大多数人都难以真心接受、难以在短时间内消化的。因此，婉转、间接的暗示，就成了女孩提出批评意见时必备的技巧。女孩可以通过自我检讨或批评旁人的方式，委婉地提醒对方他所犯的错误；也可以通过正话反说的方式，让对方自己意识到不足，而反说的正话，有时还能起到激励的效果，可谓一举两得。

知识点链接

心理学家J・皮尔庞特・摩根曾经说过：“一个人去做一件事，通常有

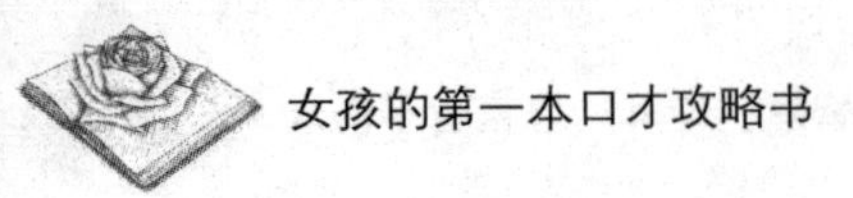

两种原因，一种是真正的原因，另一种则是听起来很动听的原因。”这句话，为人们指明了一种批评的技巧。

很多犯错的人之所以“死不悔改”，往往是因为他人不当的指责令其颜面尽失，激起了他的逆反心理。因此，当我们发现他人犯错时，无论他自己有没有意识到错误或者是否有心改变，我们都应以一种委婉的方式提出自己的意见，让我们的话成为那个“动听的原因”。

小心维护，每个犯错的人都有尊严

英国作家约翰·高尔斯华绥曾经说过：“人受到震动有种种不同，有的是在脊椎骨上；有的是在神经上；有的是在道德感受上；而最强烈的、最持久的则是在个人尊严上。”自尊，是人类共同的、最基本的心理需求，每个人的尊严都不容小觑。即便是犯了错误的人，也有权利维护自己的尊严不受侵犯。女孩在批评他人时，首先要做到的，是不伤害对方的人格尊严，不触及对方的底线。

美国历史上最伟大的总统之一林肯，在其青年时期，曾因为年轻气盛，毫无顾忌地胡乱批评别人，而受到深刻的教训。

青年林肯在他居住的当地，是个有名的“刺儿头”，整天不是对着别人评头论足，就是写点文章挖苦别人。他还特意将这些文章丢在路上，好让被他嘲弄的人好好“受教”一番。后来，林肯来到伊利诺伊州的春田镇，成为一名见习律师。直到这个时候，他还是没有改掉随意批评别人的坏习惯。

这天，他在当地的《春田日报》上匿名发表了一份讽刺信，在信中狠狠地批评并嘲笑了当地一位名叫詹姆士·席尔斯的政客，使得这位自负而好斗的政客成为全镇的“焦点”。恼羞成怒的席尔斯通过各种手段，最终

查出了这封匿名信的作者。怒火难消的他立即向林肯发出战书。林肯并不想决斗，可是为了“面子”，又无法拒绝。万般无奈之下，他根据自己双臂修长的特点，选择了骑兵的佩剑作为决斗武器。为此，他还专门向一位西点军校的毕业生请教剑术。

到了约定的这一天，林肯如期来到决斗场所，与席尔斯在密西西比河的岸旁拉开架势。正当两人准备一决生死时，好在有人及时赶来，阻止了这场决斗。

事后，林肯反思道：若是这场决斗没有被阻止，那么一定会有人伤亡。而无论是哪方败北，都是两败俱伤的结果。这个险些酿成悲剧的事件，正是自己肆意批评别人，不懂得维护他人自尊引起的。从此以后，林肯吸取教训，开始懂得如何在表达自己意愿的同时尊重他人。

心理学研究表明，在面对他人的批评、指责时，人们心中往往会存在一个“反弹指数”，而这个反弹指数的大小，通常取决于批评的程度和方式。一旦这个指数超出被批评者的承受范围，就很容易引起他的反击行为。因此，在批评他人时，女孩一定要小心维护对方的尊严，将对方的反弹指数控制在合理的范围内。

良好口才养成攻略

那么，女孩在批评他人时，该采用那些方式，维护对方的自尊呢？

1.选择合适的场合

众所周知，“大庭广众”是最不适宜批评人的场合。每个人都有在人前维护面子的需求，所处的场合人越多，人们越希望能展现出自己良好的风采。因此，若在人多的场合批评某人，即便你的态度和风细雨，也很容易引起对方的不满乃至反击。批评，是为了让人改过，并非为了损人颜面。既然如此，何不在私下与对方心平气和地探讨他的问题呢？

2.对事不对人

人无完人，每个人一生中都会犯下大大小小的错误，许多犯错者往往能够自觉自知，并且接受他人合理的批评。但是，如果批评者不分青红皂白，因为一个错误而否定犯错者整个人，那么势必招致犯错者的反击。试想，当你的某个企划案出现纰漏时，领导的一句“你这次太大意了”，或是“我看你根本就是能力有问题”，哪句更容易让你接受，更容易点醒你呢?

3.有理有据，言语中肯

想要犯错者接受批评并从中受益，关键在于批评之言有理有据，且言语中肯。毫无根据的指责，不仅令被批评者无辜受屈，对你生出嫌隙，更会影响你在人们心中的形象与威信。同时，批评者的言论，须一语中的，切中要害，这样才能使犯错者醍醐灌顶，心服口服。

知识点链接

约翰·高尔斯华绥（1867～1933），英国小说家、剧作家，毕业于英国牛津大学法律系，并于1890年取得律师资格。1891年到1893年间，他游历欧洲，与约瑟夫·康拉德（英国作家，英国现代主义小说先驱）相识，并与之结为挚友。

1895年，高尔斯华绥开始创作生涯，师承俄法两国现实主义大师。1897年，高尔斯华绥开始发表作品，但直到1904年《岛国的法利赛人》问世，才逐渐受到人们的关注。其后，他笔耕不辍，一生共创作了17部小说，26个剧本，12个短篇小说、散文、诗歌、和书信集。1932年，高尔斯华绥“因其描述的卓越艺术——这种艺术在《福尔赛世家》（长篇小说三部曲：《有产业的人》《骑虎》《出租》）中达到高峰”而被授予诺贝尔文学奖。

恩威并用，批评也要顾及对方情绪

日常交际中，女孩是否有过这些困扰：你有责任对某人的错误提出批评，却又怕伤了彼此的感情；你放任某人的错误不管，或仅是委婉地劝说了对方，但对方依旧我行我素；你中肯地表达了你的批评意见，对方却恼羞成怒，翻脸无情；对方接受了你的批评并且努力改正，令你的批评卓有成效，然而，你们往日的亲昵却一去不复返……面对种种难题，其实，女孩只需要掌握一个技巧，就能令它们迎刃而解，那就是在批评他人时懂得恩威并用。

三洋机电公司前副董事长后藤清一先生在年轻的时候，曾经在松下公司任职多年。有一次，他犯了一个错误，令公司的创始人松下幸之助怒不可遏。当他进入松下的办公室后，松下气得暴跳如雷，抓起一把火钳狠狠地摔到了桌子上，然后冲着后藤清一好一顿臭骂。正当被骂得灰头土脸的后藤准备离开时，松下叫住了他："等一下，刚才我太气愤，不小心弄弯了这把火钳。麻烦你辛苦一下，帮我把它弄直，可以吗？"

后藤满心不愿，却也只能照做。他拿起火钳用力地敲打，奇怪的是，他那糟糕的情绪居然随着这一下一下的敲打而逐渐恢复了。当他将修理好的火钳递给松下时，松下看了一眼就点头说道："嗯，比之前还要好，你真行！"

后藤走了以后，松下迅速拿起电话，拨通了后藤家的号码。他对接电话的后藤太太说："今天你先生回家后，脸色一定特别差，希望你能好好地照顾他。"

原本打算辞职的后藤，回到家听到太太转达的话后，感动得无以言状。他不仅打消了辞职的念头，还下定决心一定要更加忠诚地为松下效劳。

面对他人的指责或批评，很多人的心中往往会生出抵触情绪，更有甚者，会在行为上表现出对抗的倾向。因为，在受到批评时，人们在第一时间会感到自己受到了伤害，这时，潜意识中的自我保护机制便行动起来，导致抵触心理和对抗倾向的产生，并使人们不自觉地对批评者心生不满甚至怨恨。一旦这种情绪长时间滞留，必然对双方之间的关系有所损伤。因此，女孩在批评人之后，要及时表示自己的关切和诚意，用你的善良和温暖，尽快消弭人际关系的隐患。

良好口才养成攻略

那么，女孩在批评他人时，如何才能做到恩威并用呢?

1.如果施以惩罚，及时与其沟通

一个人犯了错误，自然应该接受批评，而有些时候，伴随批评而来的，还会有具体的惩罚。很多时候，受罚者往往心中不服，认为批评者小题大做，自己很是委屈。这种情况下，受罚者很容易产生逆反心理，有的敢怒不敢言，有的非暴力不合作，有的甚至故意与批评者唱反调。因此，在施以惩罚之后，批评者应及时与受罚者进行沟通，让其更加深刻地理解自己受罚的原因，帮助他更快地找到改进的方法与方向。这样，才能收到小惩大诫、春风化雨的功效。

2.如果当众批评，私下适当致歉

虽说当众批评对于犯错者来说难以接受，但有些情况下，必须采用当众批评的方式令犯错者受到当头棒喝，并给其他人以警示。例如，对于不遵守课堂纪律而又屡教不改、已经对于大部分同学造成恶劣影响的学生，教师理应采取当众批评的方式，让该生在“丢面子”时能牢牢记下这个教训。当然，在事后，教师应当单独与学生交谈一番，向他表达适度的歉意，让他明白，老师并非有意让他当众难堪，完全是不得已而为之，希望他能认清自己的错误，并体谅老师的苦心。如此，学生的逆反心理也就烟消云散了。

3.如果批评激烈，托人转达劝慰

当你以必要的形式和态度批评完某人后，如果觉得此等程度的批评已

经超出了对方的承受能力，不仅会令自己与对方交恶，甚至可能会对对方的心理造成伤害，那么，你需要通过一位合适的第三者向对方传达你的安抚和劝慰。及时而真诚的劝慰，能够有效化解双方之间的矛盾，舒缓并治愈对方的心理创伤。

知识点链接

“恩威并用”一词最早出自陈寿所著的《三国志·吴书·周鲂传》，原句为：“鲂在郡十三年卒，赏善罚恶，威恩并行。”

陈寿（233~297），巴西郡安汉县（今四川南充）人，字承祚，三国时期蜀汉及西晋时史学家。公元280年，晋灭孙吴，三分归一统。此后，陈寿前后历经十年，完成纪传体史书《三国志》，完整地记述了东汉末至西晋初近百年的时间内华夏由分裂迈向统一的历史进程。全书分为《魏书》30卷，《蜀书》15卷，《吴书》20卷，共65卷，计36.7万字。作为一部纪传体断代史，《三国志》与《史记》《汉书》《后汉书》并称为“前四史”。

先扬后抑，以鼓励的方式提出批评

人们常说，“人非圣贤，孰能无过。”无论是无心之失还是有意为之，每个人一生中都难免犯错。而犯错之人，本就心中惶惑，愧疚自责，如果此时批评者疾言厉色，毫不顾忌对方情面，那么很容易激起对方的排斥心理，他不仅难以心平气和地接受批评者的言论，还会心生怨艾，激化双方的矛盾。

杰森是位著名的足球教练，他手下的队伍，每年都有不错的战绩。不仅如此，经他手下调教出的足坛巨星，更是数不胜数。

这天，杰森难得休息在家、享受假期。每年的这个时候，他的好几位高足都会登门拜访，今年也不例外。这不，他刚吃完早餐，门铃就响了。看见当年风光无两、如今退役后仍牵动万千球迷心弦的大卫捧着礼物站在门口，杰森赶紧招呼他进来，又叮嘱他下回不必再买礼物。

“这只是我的一点心意。再多的礼物，也无法回报教练对我的栽培。”大卫就像回到了自己的家，一边给教练倒咖啡，一边说道，“当年若不是您的一句鼓励，我早就放弃了足球。至今我还常常梦到那场可怕的灾难。那场冠军决赛，您不顾众人的反对，坚持让我这个初生牛犊上场。结果，我太过紧张，竟然连续打进了两粒乌龙球。俱乐部老板气得要低价卖掉我，媒体球迷都在批评我、嘲笑我，是您力保我，让我能够继续留在您身边，留在顶级俱乐部踢球。我还记得，比赛后大家都回去了，我一个人留在更衣室里哭，您过来拍了拍我的肩，说，‘大卫，我真想不明白，你有这么好的技术，这么好的身体素质，面对对方那个二流前锋，你有什么好紧张的。你的心态，配不上你自己。’是您这一番话，把我从地狱边缘拉了回来。我明白您是在批评我太不成熟，但您对我的肯定，让我放弃了结束足球生涯的念头。”

杰森笑了笑，端起咖啡喝了一口，“你的成绩，来自你自身的天赋和努力，也来自你的幸运。你没有在我年轻气盛时遇上我。那时的我，脾气暴烈，生气起来口不择言。正是因为那样，好几个天赋极高的小伙子，宁愿自降身价，也不愿在我的手下踢球。终于有一天，我付出了代价。那是我这一生难得一遇的足球天才，可是，在我无止尽的批评与谩骂中，他自我怀疑、自我沉沦，醉酒撞车，失去了右腿。从那以后，我就发誓，不管我手下的小伙子们踢成什么样，他们都应该得到我鼓励和赞美。如今，你看到了，这个誓言，为我带来了名誉与金钱，也为足坛奉献了更多精彩。”

心理学家指出，面对他人的批评，大部分人会不自觉地产生恐慌，而这种恐慌，极易引起犯错者对自身的怀疑和他对批评者的不满，从而导致辩解、抗拒、抱怨等行为的出现。而如果他人的批评率先以鼓励的面貌出

现在犯错者眼前，那么犯错者不仅少有逆反心理，而且通常会主动接受批评者的意见，并确信批评者对自己的信心，从而树立更坚韧的自信，努力在批评者的关注下自我改进。既然如此，女孩在批评他人时，何不尝试以鼓励的方式，表达出你内心的声音呢？

良好口才养成攻略

那么，女孩可以从哪些方面入手，利用鼓励的语言达到批评的效果呢？

1.找出对方值得肯定的一点

无论女孩要批评对方的原因是什么，是力所不逮也好，是有力无心也罢，在批评之前，女孩最好找到对方身上值得肯定的一点，并对其着重强调、诚恳赞扬。对方学习成绩不行，你可以肯定他的学习态度；对方工作态度不佳，你应该让他知道他拥有多么好的能力，他理应以更好的工作态度来与这份能力相配。肯定，永远比批评更易入耳，永远比批评更能给人动力。

2.告诉对方他的不足在那儿

在肯定了对方身上的某一点后，双方之间的交流氛围通常已经如愿达到某种和谐的程度，这个时候，女孩再真诚而不失委婉地提出对方的不足或错误，对方往往更容易心平气和地接受，并保持良好的态度与女孩探讨。

3.帮助对方看到更远的风景

当双方已经就犯错者的错误或不足达成共识后，女孩应该让对方明白，你之所以告诉他不足或错误，是因为你相信以他的能力或毅力一定能够克服这些难题。在你的眼里，他是一个未来的成功者，而不是一个既定的失败者。如此一来，对方会更加坚信你与他此次沟通的目的是为了塑造一个更好的他，而非趁机发难、落井下石。

知识点链接

“人非圣贤，孰能无过”一语，最早见于《左传・宣公二年》，原句

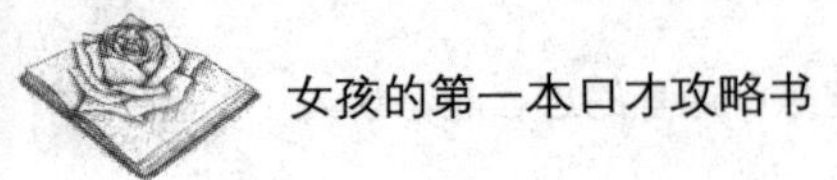

为：“人谁无过，过而能改，善莫大焉。”

《左传》为中国第一部叙事详细的编年史著作，乃儒家十三经之一，全名为《春秋左氏传》，该书既为史学著作，也为文学著作。《左传》的作者相传为春秋末年的鲁国史官左丘明，又因该书是左丘明根据鲁国国史《春秋》编纂而成，所以又被世人称为“左氏春秋”。该书的叙事范围从鲁隐公元年（公元前722年）至鲁哀公二十七年（公元前468年），主要记载东周前期两百五十四年间各国的政治、经济、军事、外交和文化方面等重要事件以及著名人物。《左传》对于研究中国先秦史有着重要的文献价值，同时也是十分优秀的散文佳作。

幽他一默，批评也让对方不伤面子

很多时候，女孩在面对犯错者时，有心批评，却又怕言辞过激，使得对方颜面受损、心生不满；保持缄默，却又怕对方不以为意、一错再错。有时，犯错者自己尚茫然不知、“逍遥自在”，反倒是女孩心急如焚，却踟蹰不敢言。这个时候，女孩不妨请出“幽默”这个“有力武器”，来助自己一臂之力。

在一次会议上，毛泽东主席发表讲话，教育干部应该戒骄戒躁、虚怀纳谏，多多听取他人的意见。他在发言中讲道：“我们现在有些第一书记，连封建时代的刘邦都不如，倒有点像项羽。这些同志如果不改，最后都要垮台的。不是有一出戏叫《霸王别姬》吗？这些同志如果总是不改，难免有一天要‘别姬’就是了。”

这一个生动的比喻，让在场的与会人员都笑了起来，在笑声中，大家也听出了主席的深意。对楚汉争霸这段历史稍有涉猎的人都知道，这场战争最后的胜者是刘邦。刘邦本是一个斗鸡走狗、贪杯贪色的乡间无赖，身

无长物，却能获得最后的胜利，就是因为他能虚怀纳谏，知错就改，知人善任，用人不疑。而项羽身为楚地贵族，原本是民心所向、一呼百应，且英勇善战，是那个时代人人称颂的“战神”，最后落得四面楚歌、别姬自刎的结局，完全是因为他“妇人之仁、匹夫之勇”，刚愎自用、目光短浅造成的。毛主席用楚汉的比喻，对某些犯错的干部提出了批评，并且绵里藏针地用项羽的结局来提醒他们。这段讲话不仅幽默效果十足，令人易于接受，而且发人深省、引人三思。

在人际交往中，幽默往往能起到点石成金、化戾气为祥和的奇效。在批评他人时，女孩如果能够用幽默的言辞将批评之语说得委婉而不失趣味，那么，既能为对方留足面子，彼此心照不宣，也能缓和紧张、尴尬的气氛，令对方在轻松的笑声中主动接受批评，反思错误，努力改正。

良好口才养成攻略

那么，在批评他人时，女孩可以运用哪些方法，让幽默成为自己的“利器”呢？

1.反话正说

反话正说是幽默常用的手法，经常能营造出一种十分风趣的氛围。而将原本的批评之语换为褒奖之语，也会让被批评的人更易于接受。例如，某大学课堂上，学生们各行其是，就是没人认真听讲。老师突然停止了授课，说道：“中间那几排聊天的同学，不如你们学习一下后排玩手机的同学，大家都安静下来，才不会吵醒前排睡觉的同学。”此言一出，学生们都笑了起来。笑过之后，每人的脸上都有了些愧疚之色，他们纷纷停下自己的事，开始认真听讲。

2.点到即止

对于每个人来说，被当面、直言批评，总不会是一件舒心惬意的事。尤其对于自尊心强烈的人来说，被他人在人前直截了当地批评，简直是一场灾难。如果批评者不能很好地把握分寸，那么这场灾难很可能会波及自己。因此，点到为止、用诙谐的语言适当地调侃一二，是女孩必须掌握的幽默批评方式之一。例如，周总理在一次视察中，发现某地的公路状况十分糟糕，他没有直接对当地领导提出批评，而是微微一笑，说："这条路，下雨天是'水泥路'，晴天是'扬灰路'。"当地领导立即明白了周总理的意思，心中也暗暗感激周总理的"口下留情"。

3.软中带硬

对于一些较为严重或是可能引发严重后果的错误，若轻描淡写、以褒代贬的方式已不足以强调错误的严重性或难以引起犯错者的重视，女孩可以尝试软中带硬、绵里藏针的批评方式。事例中介绍的毛主席的比喻，就是典型的软中带硬的批评方式。这种批评，幽默而又不失力度，让人受教而又不至引起反感，是一种理想的批评方式。

知识点链接

"一臂之力"一词，指一部分或不大的力量，出自元代李寿卿所作《伍员吹箫》第三折，原句为："若得此人助我一臂之力，愁甚冤仇不报。"

李寿卿，元代剧作家，生卒年不详，大致与纪君祥、郑廷玉同一时期。曾任将仕郎，出任县丞。山西太原人。一生著有杂剧十种，大多亡佚，今仅存《伍员吹箫》与《度柳翠》两种。其中，《伍员吹箫》描写了春秋时期伍子胥为父兄报仇的故事，对于后世演绎伍子胥的作品有着深刻的影响。

李寿卿的作品大致可以分为历史剧、宗教剧、爱情剧三类，其中，历史剧有《伍员吹箫》《吕太后定计斩韩信》《吕太后夜镇鉴湖亭》《吕太后祭浐水》《司马昭复夺受禅台》《鼓盆歌庄子叹骷髅》，宗教剧有《月明三度临歧柳》（即《度柳翠》）《船子和尚秋莲梦》，爱情剧（后人据史料估量）有《吕无双远波亭》和《辜负吕无双》。

第08章

聪明地倾听：是你把话说好的前提

有位演讲家曾在演讲中幽默地说道："世上绝大多数人都会说话；却只有一部分人能说好话。而会听话的人，则少之又少；至于能听好话的人，更是三条腿的蛤蟆。"这固然是一句戏言，然而，它却向我们揭示了一个道理：相对于听，人们往往更热衷于说，可是，在人际交往中，倾听往往比诉说更重要。人生于世，每个人都有自己的故事、自己的烦恼，都有那一份深切的、渴望倾诉的欲望。这就要求我们学会管好自己的嘴，用好自己的耳朵，充分利用好倾听的力量。

少说多听，倾诉是人类共有的需求

有一个笑话是这样说的：儿子问爸爸为什么人有两只耳朵，一张嘴。这时，看球的爸爸正被拖地的妈妈唠叨得不胜其烦，就指着她对儿子说，看看你妈就懂了，老天爷在提醒我们，少说话，多听话！看过这则小幽默，会心一笑之后，我们也应该从中悟出一个道理：在人际交往中，少说多听，是保持良好沟通、维持良好关系的一大法宝。

礼拜六的上午，睡到自然醒的凯伊看了眼手机，吓了一跳。十几个未接来电，全是同事兼哥们儿袁海打来的。他以为出了什么事，忙回拨过去。挂了电话后，他却笑出眼泪来。

原来，天生嘴笨的袁海，有心在今晚公司举办的舞会上邀请暗恋已久的艾美共舞一曲，然后和她聊一聊天，套套近乎。他一个劲儿问交际达人凯伊应该聊些什么，才能打开同样不善言辞的艾美的话匣子。

“兄弟莫急，待我起床洗漱收拾一番，这就去你府上，为你指点迷津。”说完这些，凯伊又伸了个懒腰。

到了袁海家，凯伊三两句就说完了教给袁海的话，袁海将信将疑，“就这样，这样能行？”

“放心吧，听我的，准没错。今晚舞会上我就不去当电灯泡了，咱们各走各的，散会了回来，我等你好消息。”

果然，晚上11点半左右，凯伊的手机响了，电话那头，袁海激动得语无伦次，说舞会散场后，他和艾美又找了家咖啡馆，直聊到刚才才告别。

“怎么样，我说得没错吧！”凯伊也衷心地为兄弟感到高兴，“艾美平时不说话，是因为没人好好听她说。你只要知道她的兴趣，引导她说出来，再有足够的耐心听她讲，她比谁都愿意说话。”

“真没想到，你连接触不多的艾美都这么了解。”袁海佩服得五体投地。

“我不是了解艾美，我是了解人类的同性。每个人都有想说的话，都希望有人能好好地听他说话，重视他的话，喜欢他的话。这个呀，就叫倾诉需求。兄弟，要追到艾美，任重而道远啊，继续努力吧！”

我们都知道，沟通是一切社会交往的前提和基础。而要做到良好地、有效地沟通，不仅要求女孩善于诉说，还要求女孩长于倾听。心理研究表明，倾诉，是人类共有的、重要的需求，每个人都渴望倾诉，每个人都希望自己的倾诉能被人倾听、被人关注。女孩在社会交际中，如果能够学会倾听，学会满足交际对象的倾诉需求，那么，就能在短时间内获得对方的好感与信任，在人际关系中占据有利地位。

良好口才养成攻略

倾听，是为了更好地了解对方、认识对方，是为了用更短的时间去掌握更多的信息，是为了令交流双方迅速建立良好的沟通，是为了让沟通少一些障碍，少一些摩擦。

那么，女孩在与人交流时，需要注意哪些方面，让自己的倾听更加高效呢？

1.让对方感受到你的诚意和兴趣

当他人在倾诉时，女孩应当适当运用各种信息传递方式，如有声语言的表达，肢体语言的辅助，音调语气的控制等，表现出自己对于这次沟通的诚意，表现出自己对于对方所言内容的兴趣。谁也不愿意和一个毫无诚意或是觉得自己的话题索然无味的对象交流，那只会让自己陷入尴尬，且失去安全感。诚意，是打开人们心锁的钥匙；兴趣，是缩短交际距离的推手。

2.让对方感受到你的参与

倾听是一个过程，整个过程的原则是少说多听，而绝不是“只听”，少有人能够从头到尾毫无表示而达到高效倾听的目的，这样也无法满足倾诉者的需求；也少有倾诉者能够“目中无人”、片刻不停地从交流开头滔滔不绝直到结尾，他们也不愿意在拥有倾诉对象时依旧自言自语地上演独角戏。既然是沟通，是交流，那必然是相互的，是彼此合作的。因此，作为倾听者，女孩也要参与到这场谈话中来。你的话可以很少，但不应该没有；你的表情可以不丰富，但不应该凝固。让倾诉者感受到互动，才能让他真正感觉到被尊重。

3.捕捉信息须从多方下手

聆听他人的倾诉时，我们要展现诚意，我们要展现兴趣，我们要与对方及时互动，而我们给出的这一系列反馈，是否真正合乎对方的心意，一切需要以对方内心的真实感受为准。这些感受，对方很少100%吐露，尤其当交流双方并不熟稔时，我们想要掌握的信息，只能靠我们自己去捕捉。所谓倾听，不止要听，更需要看。就像你的肢体语言能够向对方传达你的心意，对方的微表情、小动作，也在透露着他的真实情绪和心理。

知识点链接

“不胜其烦”一词出自南宋诗人陆游的《老学庵笔记》卷三，原句为：“于是不胜其烦，人情厌恶。”

《老学庵笔记》是陆游晚年的作品，共十卷，大约写作于宋孝宗淳熙末年至宋光宗绍熙初年，得名于陆游在镜湖岸边的“老学庵”书斋。作品记载了大量的风土人情、旧事遗闻、奇人怪物，对于许多诗文、典籍、土地、土产等进行了考证辨伪。该书中所辑录的内容，多是陆游本人或其亲

友亲见亲闻之事物。对于当时的时政时事、有关人物，作者笔下犹见关怀之情。此外，作者对于书中记录的人物和事件，多有议论评断。

三缄其口，沉默有时让你更受裨益

在人际交往中，那些能够把控局势、占据主动的人，很多时候靠的是一种“姿态”，一种“气势”，一种“不着一字、尽显风流”的高超技巧。而这种技巧在具体实施时，往往不过四字：适度沉默。

到了第五日，光华公司与客户的谈判俨然已经进入胶着状态。双方都据理力争，丝毫不肯让步。虽然双方心里都明白，这笔交易若谈成了，双方获得的利益都十分可观，然而，客户却坚持要求光华公司将价格再降2个百分点，而光华公司的谈判代表则坚持表示，这个价格是公司的底线。

销售经理王畅听说此事后，毛遂自荐加入了谈判队伍。又一轮的谈判开始了。这次，光华公司的代表不再滔滔不绝，而是附和着王畅的沉默，偶尔应对客户几句。渐渐地，一个小时过去了，原本咄咄逼人的客户的话也少了，只是不断偷窥着王畅的神色。王畅则只是一言不发地喝着茶，细细阅读对方提交的合同。

又过了半小时，客户终于忍不住，说道：“这样吧，看在咱们往日的交情，我再退一步，只降1个点，行不行？”

王畅依旧不置可否，眉头微皱，合上了文件夹，以深邃的眼神望向客户。客户猛地站起来，又说：“千分之五，不能再少了。”

王畅这才微微一笑，礼貌地请客户坐下，开口道：“我想，您也知道，我们给出的价格，是本市乃至本省内最合理的；而我们的产品质量，也是国内一流的。咱们双方长期以来合作得十分愉快，您真的愿意为了这点微利，再去外省寻找供货商吗？与您合作的诚意，我们是百分百的，希望您也是如此。”

至此，客户再也无话可说，只能苦笑着，却又心悦诚服地签订了光华公司提出的合同。

沉默，是不急着表态，是不忙着表达，是不动声色地隐藏起自己真实的内心，是令他人看不清摸不透你的真正意图。从心理学的角度来说，对于未知的事物，很多人常常怀有一种敬畏的心理。这种敬畏，往往会令其在不觉中变得谦卑、忐忑甚至软弱，以至不敢轻易抵抗，无形中交出了交际的主动权。因此，在与人交流时，女孩不妨适当运用一些沉默的技巧，令自己在社交中更加如鱼得水。

良好口才养成攻略

那么，女孩在与人交流时，应怎样运用好沉默的力量呢?

1.从肢体到表情的整体配合

对于很多人来说，面对他人的各种试探，凝神静气地沉默并不是一件易事。他们虽然闭口不言，但丰富的面目表情或不经意间的肢体动作，已经向他人传达出自己真正的意愿。如此，沉默也就失去了意义，不仅达不到理想中的效果，还会令自己失去主动权，令对方反客为主。因此，在沉默的时候，应尽量保持表情的一贯性，不要给对方捕捉蛛丝马迹的机会。

2.闲置双唇时大脑不可休憩

沉默并不是要我们杵在那里悠闲自得地遐想或是脑中空白地发呆。当女孩以沉默来应对他人的言辞、以不变来应对万变时，大脑也要飞速旋转，随时根据情势判断下一步的行动，乃至于对大致局面的把控，对整个事件的最终决策。如果女孩心中一直没有主意，只是一味沉默，那么局势就会向于对方有利的方向扭转。

3.巧妙把握好沉默的程度

有句话说得好，在社交中，如果你一直滔滔不绝，会暴露你的无知；

而如果你始终一言不发，则显示了你的愚蠢。因此，女孩在与人交流时，沉默也要适度。沉默是为了占据主动、抢占优势，是为了我们能够更加顺利地达到某个目标。因此，女孩千万要把握时机，以免令原本的砝码变为砸脚的石头。开口时间的早晚、次数的多少，要依据对方的具体表现来判断。每个人都有自己的心理底线，女孩的沉默一旦触及对方这条底线，便前功尽弃。

知识点链接

“三缄其口”一词，出自西汉刘向所著的《说苑·敬慎》，原句为，“孔子之周，观于太庙，右阶之前，有金人焉。三缄其口，而铭其背曰：‘古之慎言人也，戒之哉，戒之哉！无多言，多言多败。’”

刘向，原名更生，字子政，西汉经学家、目录学家、文学家、史学家，楚国彭城（今江苏徐州）人，为楚元王刘交（汉高祖刘邦异母弟）四世孙。其编著的作品大多散佚，现今留存下来的主要有《战国策》《列女传》《说苑》《新序》等；此外，他著作的《五经通义》现有清代马国翰辑本，《山海经》则是他和他的儿子刘歆共同编订的。

边听边想，洞悉他人言语中的重点

你是否有过这样的体验：因为某些原因，你无法直言相告一些心里话，只得委婉表达、含蓄开口；而对方却总是毫无知觉，应答之语与你心中之声“驴唇不对马嘴”。这时，无论对方是在装傻充愣，还是真的天真质朴，你都难有再与之交谈的欲望。因为，他听不懂你的话，让你觉得话不投机；你们之间的沟通障碍，如同重峦叠嶂，让你没有耐心再去尝试。

听到闺蜜园园离婚的消息，美美着实吃了一惊。正当她不知如何安慰园园时，园园主动约了她，说趁着这个周末天气不错，一起出去逛街喝茶，聊天散心。

两人逛了半天，园园的神色才有些好转。来到一间咖啡馆，两人挑了一个小包间，点了一壶咖啡，便聊了起来。

园园长叹一声，先开了口，“离婚这事，我跟谁都没聊，就想跟你聊聊。他们都只会说我不知足，找了一个这么老实的男人还瞎折腾。只有你懂我，理解我。其实，原本我也觉得他挺不错的，下班就回家，家务活也帮着我干，除了看电视没什么别的爱好。虽说他不交家用，可我自己有收入，而且住在父母家，因此也不计较这些。后来有了孩子，开销突然大了，除了交给父母的钱，不说别的，光是孩子的奶粉尿布，我也吃不消了。他呢，还是那一副老样子，完全不求上进。家用一分不给不说，也不考虑将来我们自己要买车买房，拿的那点工资有时还没我的奖金多，他还心满意足。下班回来就坐在电视前傻笑，工作时候就上上网玩玩游戏。跟着他，真不知道什么时候能熬出头。”

园园喝了口咖啡，见美美不说话，只是默然点头，又说道，“其实这些对我来说，都不是最要命的，钱的问题总有方法解决，我也不是没有工作能力的人。最要命的，是我跟他无法沟通。举个例子，那天我打算认真和他谈一谈，要他好好想想我们的将来，这不是我一个人努力就能做好的。我跟他分析了现在的形势，告诉他以后孩子的花销，我们买车买房的预算。说这些，无非是想让他上进一点，有点责任感。你猜，他怎么回答我的？他说，知道了，一会儿去银行取1000块钱给你。”

看着美美哭笑不得的神情，园园也苦笑起来，叹道，“这就是平时我和他沟通的常态。两个完全不在一个频道上的人，你让我怎么交流？结婚过日子，两个人要相伴到老的。那个人连你的话都听不懂，这日子还怎么过？”

俗话说：“射人先射马，擒贼先擒王。”凡事都要把握其重点，抓住其要害，才能如鱼得水、手到擒来。同样，在与人交往中，在倾听别人的

时候，女孩只有学会抓住重点，才能听懂对方的真正意思，才能让对方觉得与你沟通是一件轻松惬意的事。只有这样，才能为下一次的沟通打下良好基础，才能在人际交往中占据主动。

良好口才养成攻略

1.多留意那些出现频率高的词汇

当我们想强调某种意思时，或是对方一直难以理解时，我们往往会有意或无意地强调那些含有我们真正意图的关键词。同样，在交谈中，当对方口中频繁出现某些词汇时，女孩就应多加留意，仔细思索这些词汇所蕴含的意义，探究对方心中的真实想法。

2.多想想那些含有话外音的言语

对于某些话题，含蓄的中国人往往不习惯于直接表达。话说得太清楚，有时反而令双方陷入尴尬。因此，在与人交流时，女孩也要学会听出他人的话外之音，透过委婉的语言，听出对方的心声。例如，当朋友和你聊天时，总是提及高昂的物价和自己的窘境，你就要想想他是在催你还钱还是打算向你借钱了。

3.多揣摩那些看似无心的暗示

除了话外之音，对方表达出的暗示，更多时候会体现在肢体动作或面部表情上。例如，孩子向长辈拜年时，虽然口中不断说着祝福之语，说着自己已经长大了，不再要压岁钱，但眼巴巴的神色，依旧流露出他们对红包的渴望。准新娘看见橱窗中昂贵的婚纱，口中说着“这么贵疯子才买”，然而进了婚纱店后眼睛就没离开过那件婚纱，这时就是考验准新郎应变能力的时候了。

知识点链接

“手到擒来”一词，出自元代康进之的《李逵负荆》第四折，原句

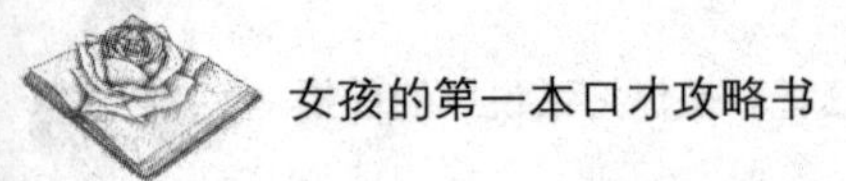

为：“这是揉着我山儿的痒处，管教他瓮中捉鳖，手到拿来。”

康进之，生平事迹及生卒年均不详，元代戏曲作家，棣州（今山东惠民）人。从元代钟嗣成所著、约成书于元至顺元年的《录鬼簿》（记录了金代末年到元朝中期的杂剧、散曲艺人等80余人的作品目录、生平简录等，乃至含有钟嗣成本人思想痕迹的简评）将康列为“前辈已死名公才人”来看，可推知康为元代早期的杂剧作家。

康进之著有杂剧两种，为《黑旋风老收心》和《梁山泊李逵负荆》，今仅存《李逵负荆》，乃现存的元代杂剧水浒戏中思想性和艺术成就最高的作品。明人施耐庵所著《水浒传》中第七十三回下半章的情节，与之大体相同。康进之通过对李逵这个典型形象的塑造，寓意了深刻的主题，体现了封建社会中广大人民群众的政治愿望和理想。也正因为《李逵负荆》达到的艺术成就，后人将康进之评为“豪放激越”的“本色派”作家。

适当引导，让对方主动说出真心话

身处社会，我们每个人都少不得要与人沟通。无论沟通的目的是什么，是增进感情、化解矛盾、商务谈判还是说服劝导，我们只有听到对方的真心话，了解对方的真实心意，才能对症下药，有的放矢。然而，生活中，很多人由于戒备心理，不会轻易对他人吐露真心，有时甚至故意正话反说、刻意误导，这时，就需要女孩掌握一些计较，巧妙地“套出”对方的真心话。

小赵来到公司五年，一直是业务主干，公司上层也十分器重他。然而，正当公司决定让他的职务更上一层楼时，他却向经理提交了辞呈。经理收到辞呈，并未当面表示什么，只是约小赵下班后去附近的茶楼坐一坐，聊聊天。

下班后，两人来到茶楼，刚一落座，经理便开门见山，面露难色地说道："小赵啊，你一直是领导们器重的人才。眼下你这么做，我很为难啊！收了你的辞呈，上面不答应；拒绝了你，我又怕耽误你的前程。咱俩好歹也称兄道弟这么多年了，论交情，你也没什么好避讳我的。这样吧，你跟老哥说说，是对公司有什么不满意吗？只要老哥能办到的，一定尽量替你办好。"

"公司没什么不好，"小赵呡了口茶，尴尬地笑了笑，"是我自己嫌总待在一个地方太闷，想换个环境。"

"按理说，你都三十好几了，人也稳重，不像那些冲动的小伙子，但凡有一点不顺意的，说辞职就辞职。你既然决定要辞职，一定有原因。是不是对于提成不太满意？我知道，咱们公司的提成，确实比好几家同类型公司低了一点。"

"您知道，我不是因为这个。咱们公司的提成是低了一些，但企业文化、规章制度和各种福利保障，都远远强过那些公司，对于这一点，我从来没有意见。"

"那，是因为我这个老大哥整天尸位素餐，让你心里不痛快了？"

"您这是哪里话！如果不是您，咱们部门怎么会有今天的成绩！"

"那到底因为什么呢？你就不能跟老哥说句心里话吗？你不说实话，老哥只能这么一直猜下去，只怕猜到最后，反倒伤了咱俩的感情啊！"

小赵沉默半晌，终于开口道，"刘副主任，似乎对我不太满意。在他手下工作，还要和他的侄子竞争，压力太大。我还算年轻，不怕吃苦，愿意打拼。但是，我不希望长期受到付出与收获不成正比的待遇。这两年来，好几笔大单，如果没有刘副主任从中掺和，原本都是我的。我知道，我资历浅，在公司里没资格和他抗争。所幸还有些人脉，不如换个环境拼一拼了。"

经理听了，已经明白了问题的症结所在。

我们常说，良好的沟通是打造和谐人际关系的基础。只有良好的沟通，才能让人们彼此之间更加了解、更加熟悉；只有良好的沟通，才能令彼此之间更加清楚对方的心意，让交流更加高效。人际交往中，女孩需要掌握一定的方式方法，灵活运用恰当的引导，令对方主动说出你想听的真心话。

良好口才养成攻略

那么，在沟通中，女孩可以采取哪些方式，来引出对方的真心话呢？

1.对对方有一定的了解

只有事先对对方有一定的了解，你们的谈话才能和谐地进行下去。对于对方，你不仅要了解他的基本信息，如性格、兴趣、家庭概况等，更要了解他的优点，他的成就。你的赞美和肯定，会成为打开他话匣子的契机。

2.真诚地表达你的见解与对他的期盼

在谈话中，女孩应及时、诚恳地表达、暗示出自己对于对方观点的见解，以及对于对方吐露真心的期盼。当你表现出热切的期待之情时，对方往往会被你的热情所感染，更愿意与你交流，对你的防备之心也会有所降低。

3.适当赞同一些对方反对的

如果对方是一个较为谨慎的人，你的热情难以起到什么作用，那么，女孩不妨尝试去赞同一些对方反对的观点，如事例中经理用的方法，或是故意涉及一些对方厌恶的话题。当然，提及这些话题或表达你与他相反的意见时，只须点到为止，不可过分纠缠。凡事过犹不及，我们涉及这些内容的本意是略以激将之策扰乱对方心神，令其不经意间说出自己的真心话，而非真心与对方辩论。

知识点链接

“过犹不及”一词，出自《论语·先进》，原句为，“子贡问：‘师

与商也孰贤？’子曰：‘师也过，商也不及。’曰：‘然则师愈与？’子曰：‘过犹不及。’”

文中提到的子贡复姓端木，名赐，字子贡，春秋末年卫国人，为孔门十哲之一，“受业身通”的弟子之一，孔子曾称其为“瑚琏之器”。师则是指颛孙师，复姓颛孙，字子张，春秋末年陈国人，孔门十二哲之一，为人勇武，孔子评价其为“性情偏激”，十分重视自己的德行修养。商则为卜商，字子夏，世人尊称为“卜子”或“卜子夏”，春秋末年晋国人，也有说为卫国人，孔门十哲之一。

孔门十哲是指孔子门下十位最优秀的学生，分为四科。其中，子渊（颜回）、子骞（闵损）、伯牛（冉耕）、仲弓（冉雍）因德行著称；子我（宰予）、子贡以言语（即口才）著称；子有（冉求）、子路（仲由）以政事著称；子游（言偃）、子夏则以文学著称。

仔细听清，口头禅也会暴露他的玄机

生活中，几乎每个人都有几句自己的口头禅，总会在谈话中不经意地说出来。也许有人觉得，口头禅只是一直个人的用语习惯，并没有什么实际的意义——其实不然。从心理学的角度来讲，口头禅中也蕴含着一个人的某些性格特征和心理活动。

强子是科里最勤快的办事员，为人也和善，同事们都与他打成一片。然而，科长似乎不太喜欢他，每次和他说话，聊不到几句就背着手走了。

为此，强子十分郁闷。他百思不得其解，只好找到科里资历最深的老许，希望他能为自己指点迷津。

老许听了强子的疑惑，问道：“你怎么知道科长不喜欢你？”

“啊？”强子一愣，然后尴尬地笑了，“这个嘛……我又不傻，科长

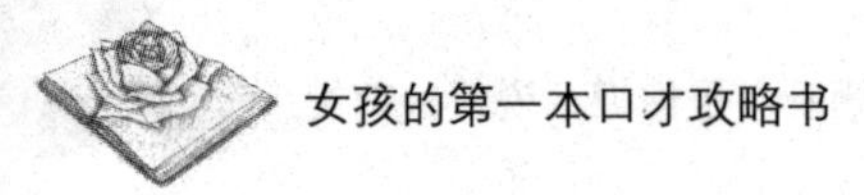

喜不喜欢我，我当然看得出来。”

“你确定？”

“嗯。”

“看，问题出来了。”老许指着强子，“你这孩子，说话时总是不注意口头语。你老是用‘嗯’‘啊’‘这个嘛’这些口头语，而且说的时候声音拖得老长，在我们这些中年人听来，总觉得你在拿架子。科长这个人，最讨厌年轻气盛、傲慢无礼的人。你跟咱们相处的时间长，咱们知道你是个老实的小伙子。可是科长只是偶尔和你谈谈工作，你呢，一开口就这些口头语，怎么能让他听着舒服呢？”

“这个……”强子急了，“这可冤枉死我了！我这个人脑子笨，反应比较慢，怕自己说错话，所以有时会不经意地说出这些口头禅，并没有别的意思啊！”

“说者无心，听者有意。我看哪，你这些口头禅，得戒掉了。尤其是和科长聊天的时候，一定要少用。另外，年轻人说话总是拖泥带水，也不是什么好事，你说是不是？”

强子点了点头，记在了心里。

与人相处，字字较真自然不必，但从对方的语言细节中探究对方的心思，寻找和谐沟通的突破口，则是女孩应该掌握的一门技巧。口头禅看似无意，却在一定程度上显示出一个人的性格、心理或品行。人际交往中，女孩不妨多多留心对方的口头禅，看看他这不经意间流露出的字句，为你提供了哪些信息。

良好口才养成攻略

下面，我们简单为大家介绍几种常见口头禅所隐藏的“玄机”。

1.绝对的，肯定的，必须的

爱说这些话的人，通常十分自信，他们果断、信心十足的态度，往往

会令他人感到信服。不过，女孩也应谨记，过分的自信就是自负，过度的果断就是武断。

2.也许、大概、可能

常将这些话挂在嘴边的人，无疑是非常谨慎的人。他们思维缜密，做事追求滴水不漏，不会轻易得罪别人。也正是因为他们十分谨慎，想要从他们口中套出真心话，绝非易事。

3.真的，没骗你

人们在说这种话时，往往已经在怀疑对方不够信任自己，因此急于表明立场，希望对方能受到这些肯定字句的影响，坚定对自己的信心。

4.我听说，据说

以这种话作为口头禅的人，通常是一些有阅历的人。他们见过柳暗花明、经过波折逆转，知道“眼见未必为实，耳听岂能当真”，因此，他们时时为自己的话留有后路，不会轻易说出绝对、果断的话。

5.可是，然而，不过，但是

常说这种话的人，也是说话留有余地的人。通常从事公共关系的人爱用这类口头禅。这些词语较为委婉，能及时修正自己之前言语中的错误，也能在很多时候照顾到多方面的感受。

知识点链接

“口头禅”最初是佛教禅宗用语，本意是指未经心灵证悟就把一些现成的经言和公案挂在嘴边，装作已然得道的样子。到了后来，口头禅逐渐演化为口头语的意思，指那些不经大脑思考就脱口而出的、没有什么实际意义的个人习惯用语。

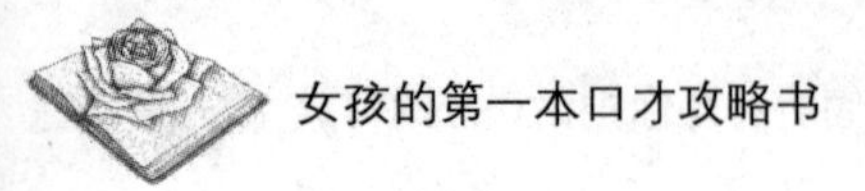

学会回应，让他知道你在专注倾听

当你激情澎湃地演讲时，当你在痛不欲生地发泄时，当你在饱含深情地告白时，当你在慷慨悲愤地倾诉时，你的沟通对象却从头至尾面无表情、沉默木然，即便他真的一直全身心投入地倾听着你所有的话语，试问，你会相信他在倾听吗？你有耐心与他继续交谈下去吗？你有勇气与这样的听众再次交流吗？因此，我们可以说，学会倾听很重要，学会回应更需要。

这天傍晚，小云刚回到家中，就把自己锁进屋里大哭了一场，直到深夜，才肿着眼睛走出房间。

父母都担心得不敢睡觉，一直等着小云。见她出来了，妈妈忙着去给她热饭，爸爸则给她泡了一杯热茶，与她促膝长谈起来。

“乖女儿，什么事这么伤心？在单位里被人欺负了？别怕，告诉爸爸，爸爸给你撑腰。”

“没有人欺负我，是我自己犯了错误，理应受到批评。可是，主任批评了我一会儿，就说我完全没有认识到自己错误的意识，让我好好反省反省。我真委屈。我知道自己犯错了，也很认真很虚心地接受了主任的批评，他怎么还说我态度有问题呢？”

“你和主任争辩了？”

“爸爸你知道，我从来不和人争论。”

“你从头到尾说话了没有？”

“没有，一句话都没说。”

“你低着头不理主任？”

“没有，我一直抬头看着他。”

“一直抬头看着他？只是看着他？没有其他表示？”

“没有。从小老师就教我们，跟别人说话时看着别人的眼睛是一种尊

重，所以我的眼睛一直盯着他的眼睛。”

“傻孩子，你这不仅是生搬硬套，而且一点交际常识都没有啊！孩子，和人说话时看着别人的眼睛表示尊重，这没错，但是也要分具体的情况。一个认识到自己错误并且正在接受批评的人，应该羞愧的，不自然的，这样心态的人，还会盯着对方的眼睛一直看吗？即便没有犯错，一直盯着对方的眼睛，也会把人盯毛，让人觉得，你要么是想从他眼神中窥探出什么，要么就是在逼视他，和他较劲。”

“一个眼神，居然都有这么多学问。”

“那当然。还有，别人跟你说话，你愿意倾听，是好事，但不能只听不说，尤其是在这种需要你表态的情景中，哪怕你只是轻轻地垂下脑袋，咬咬嘴唇，都能让主任知道，你有些懊恼了，你知错了。抛开这一次，如果每次别人和你讲话，你都只是瞪着眼睛盯着对方，别人说什么你都无动于衷，那么别人还有什么兴趣和你继续聊下去呢？孩子，关于这一方面，你真的要好好修炼一下了。来，拿出纸笔来，老爸给你推荐几本书……”

懂得倾听，是一种品质，是社会生活中必不可少的通行证；学会回应，是一种智慧，是人际交往中助你升华的垫脚石。体贴，伶俐，善解人意，自古以来就是女性的代名词。女孩们，在倾听中，以你们的冰雪聪明，去体察倾诉者的内心吧；在得体的回应中，来展现你们的蕙质兰心吧！

良好口才养成攻略

那么，女孩在倾听他人的讲话时，可以用哪些方式回应对方，来表明你的专注呢？

1.适当借助肢体语言

前文我们已经介绍过，肢体语言在信息的传递量中占有高达55%的比例。因此，女孩在倾听的过程中，可以适当借助肢体语言，向对方作出回应，表明你此时专注的状态。例如，赞同对方的观点时，可以轻轻点头；听到有趣的事时，回报笑容；感受到对方哀伤的情绪时，微锁双眉；当对方讲到精彩之处时，女孩不妨将上身略微探向对方，表明自己对于谈话内容很感兴趣等。这些肢体语言，能够让女孩不置一词而直抒胸臆。

2.适度重复对方的话

例如，偶尔打断对方，问他，“您是说……”“您刚才的话，我可不可以理解为……”这样的重复和发问，能够让对方感受到你对他的话十分重视，想要将他的每一句都充分理解。当然，这种回馈方式不能频繁使用，否则对方会怀疑你的专注度乃至理解能力，从而对这次沟通大为扫兴。

3.适时表达你的意见

你的意见，可以是赞同，也可以是反对，并不需要一味地迎合对方。你赞同他的观点，他自然兴高采烈，谈兴更浓，彼此间更添惺惺相惜之感。你提出自己的观点，也说明你在认真倾听并思考了他的讲话，你脑中的思想之炉在他的感染下燃起了火苗；即便你们的观点完全相悖，也不过是双方在良好的交谈氛围中探讨、交换意见，略作讨论，无伤大雅，且能从更多的角度彼此熟悉、深入了解。当然，既然是倾听，那么重点仍旧是听，应该说，你的表达，是一种回应，而不是为了表现。

知识点链接

“蕙质兰心”一词，出自宋代词人柳永的《离别难》，原句为：“有天然、蕙质兰心。美韶容、何啻值千金。”

“蕙质兰心”通常用来比喻女子心地纯洁，品质高雅。此外，“蕙兰”是中国特有的品种，“蕙心、兰心”皆为“中国蕙兰”的花蕊，因此也代指“中国心”。

柳永《离别难》全词为：

花谢水流倏忽，嗟年少光阴。有天然、蕙质兰心。美韶容、何啻值

千金。

便因甚、翠弱红衰，缠绵香体，都不胜任。算神仙、五色灵丹无验，中路委瓶簪。

人悄悄，夜沉沉。闭香闺、永弃鸳衾。想娇魂媚魄非远，纵洪都方士也难寻。

最苦是、好景良天，尊前歌笑，空想遗音。望断处，杳杳巫峰十二，千古暮云深。

第09章

用你的小嘴：说动对方迈开他的腿

求人办事，有人轻而易举，有人却难如登天，究其根本，关键在于提出请求时的方式方法。不同的人，有不同的适合自己的求人方式；而面对不同的人、不同的场合，我们也要掌握相应的请求方法。在这一章中，我们将为大家介绍一些求人办事的技巧，以助女孩在今后的工作生活中能够有求必应，手到擒来。

动之以情，让他无法抗拒你的话语

我们都有过这样的体验：当别人一本正经地不断用那些道理、事实与我们交谈，试图以此来说服我们顺应他的心意时，即便明知他说得合情合理，即便此刻我们犯下了不可饶恕的错误，我们还是容易对这种论理、说教无动于衷，有时甚至感到厌烦。但如果对方换一种方式，以真挚的感情为基础，满怀诚意地与我们沟通，那么他所说的话则更容易钻进我们的心里。这就是以情感人的力量。生活中，想要他人按照我们的意愿行事，女孩不仅要懂得晓之以理，更要学会动之以情。

在成为总统前，林肯曾做过律师，他曾接过一个这样的案子：一位每个月只能依靠抚恤金糊口的烈士遗孀，遭到了出纳员的勒索，她每个月必须向其交纳一半的抚恤金作为手续费。林肯听说后，勃然大怒，尽管这个案子十分棘手，他还是接了下来。

开庭后，身为原告的烈士遗孀却无法提供证据，因为出纳员是口头勒索。也正因如此，狡猾的被告一口否认了烈士遗孀的控诉。在凡事重视证据的法庭上，眼看局势就要向着不可挽回的方向发展，林肯并不慌张，开始了他的陈词。

林肯并没有强调因为被告的狡诈而使原告没有证据，也没有试图从其他角度援证被告的违法事实。他另辟蹊径，打了一场令人津津乐道的官司。首先，他带领着法庭上的人们一起回忆了美国独立战争。他的眼中饱含泪水，深情地描述那些战士们是如何战胜艰苦的环境、不畏牺牲地浴血

奋斗。说着说着，他的情绪激动起来，斥责之语犹如利剑一般，直指那位贪婪的出纳员。最后，他以一个反问为结语，作出了结论："如今，事实已成为陈迹。1776年的那些英雄们早已长眠于地下。然而，英雄的妻子，这位苍老而可怜的遗孀，还站在我们面前，要求我们为她伸冤。这位老弱的妇人，曾经也是一位美丽的少女，也拥有过幸福快乐的家庭生活；然而，她已经牺牲了一切，变得穷困无依，不得不向我们这些享受着烈士争取来的自由的人请求援助和保护。敢问，对于此，我们能视若无睹吗？"

林肯话音刚落，听众立刻沸腾起来。他这些打动人心的话语，令在场的人们或唏嘘长叹，或潸然泪下，或慷慨解囊，或恨意陡生。最后，在听众的一致要求下，法庭判决烈士遗孀胜诉。

相较于男性，女性的情感更为细腻，女性的心思更为敏感。如果说男性更习惯于以激情燃烧他人、鼓舞他人，那么女性则更善于以柔情感化他人、抚慰他人。在日常的人际交往中，在求人办事、引导他人观念时，女孩应充分利用自身的性格优势，以真挚的情感撼动对方的防线，以温柔的关怀消除对方的抵抗，令对方在你的真情中，真正地、主动地认同你、支持你。

良好口才养成攻略

那么，在以情动人时，女孩需要注意哪些方面呢？

1.让对方切切实实地感受到你的真诚

无论我们觉得自己的情感有多么真挚，自己的想法有多么体贴，如果对方感受不到，那也只能是"浪费感情"。很多人怀抱着真诚，关怀着对方、体谅着对方，却不懂怎么表达，不知道怎样让对方明白自己的心意，有时甚至弄巧成拙，令对方误会自己在无事献殷勤。究其根本，是其表达方式出了问题。真诚的感情，是深挚的；而真诚的语言，则是质朴的。想要让对方感受到你的心意，女孩无需多么华丽的辞藻，无需多么动容的表达，只要直白地道出你的心声即可，以免画蛇添足。

2.暂且抛开你那或许带着功利性的目的

无论你的情感多么真挚，无论你的表达多么适当，如果在这次你与对方的沟通中，你怀有自身想要达到的目的，且时时刻刻在脑海中盘桓，那么，你便会在不经意间流露出含有目的性的姿态。这在对方看来，无疑会直接将其判断为功利性。那么，对于这种“无事不登三宝殿”的“贵客”，对方也难以相信其情感的真实度。

3.善始善终，无论最终的结果如何

无论对方是否顺从了你的心意，无论事态的发展是否令你满意，对于这一次沟通，你都要做到善始善终，万不可给人留下“用人朝前，不用人朝后”的印象。否则，无论之前你们之间有多么深厚的情谊，也会自此渐渐由厚转薄。

知识点链接

2008年，英国《泰晤士报》邀请了一个由8位英国顶尖国际和政治评论员组成的专家委员会对美国历史上43位总统进行了排名。其中包括“十位最差总统”“十大平庸总统”“最伟大的总统”等名次。而这一结果，尤其是前十位最伟大总统的排名，迄今仍得到全世界大多数民众的认可。

十位最伟大的总统排名依次为：

1.亚伯拉罕·林肯（第16任总统，任期为1861～1865）

2.乔治·华盛顿（第1任总统，任期为1789～1797）

3.富兰克林·德拉诺·罗斯福（第32任总统，任期为1933～1945）

4.托马斯·杰斐逊（第3任总统，任期为1801～1809）

5.西奥多·罗斯福（第26任总统，任期为1901～1909）

6.德怀特·大卫·艾森豪威尔（第34任总统，任期为1953～1961）

7.哈利·S·杜鲁门（第33任总统，任期为1945～1953）

8.罗纳德·威尔逊·里根（第40任总统，任期为1981～1989）

9.詹姆斯·诺克斯·波尔克（第11任总统，任期为1845～1849）

10.托马斯·伍德罗·威尔逊（第28任总统，任期为1913～1921）

先退后进，巧登门槛助你步步为赢

相信大家都有过这样的经验：向人求助时，如果一开始就提出一个比较高的要求，那么我们多半会被拒绝。但如果开始先提一个很低的要求，等别人答应了这个要求了，再一步一步地提高我们的要求，那么在这一步一步的“得寸进尺”中，我们的要求通常能够实现。造成这种现象的原因，就是心理学中著名的“登门槛效应”。

白姐一直是百货公司服装销售部的销售明星。这天，经理领来了一个叫赵蕾的年轻人，说是第一天入职，要白姐多指导一二。白姐微微一笑，爽快地答应了。

经理走后，白姐亲切地问起了赵蕾的情况，两人正聊着，一位年轻的女顾客慢慢走近。白姐立即停止了交谈，对赵蕾微微一笑，“姑娘，好好学着，姐给你露一手。”

这时，女顾客的目光落到了一件新款的风衣上。只见她眼中一亮，便拿起了风衣的标价签。立刻，她眼中的惊喜被一种落寞取代，转身要走。

白姐立即上前，微笑着说，“美女，瞧上这件衣服了？眼光真好，昨天晚上刚到的货，这一季的最新款。”

顾客的眼睛贪婪地盯着风衣，嘴里却不由叹气，“是啊，看价格就知道新得没边儿了！”

白姐听了，也不争辩，只是劝说，“不买也试试么，穿上拍个照。美女身材这么好，就应该多当当衣服架子。”

顾客听了，不由动了心，便试穿了风衣。站到镜前，顾客眼中流露出更多的惊喜，没想到这件风衣与自己如此相配；但眼光落到标价签上时，还是打算放弃了。

白姐绕着顾客打量了一圈，不住点头称赞，说道，“您这么时尚的人，肯定常看杂志，一眼就知道这件衣服是今年最时尚的款式。有些人赶时髦是瞎闹，可美女这身材，这长相，不赶这个时髦简直就是白瞎了爹妈给的好基因。而且你的皮肤白，穿这个颜色很搭配。不瞒你说，在你之前，今早来了三个人试这件衣服了，没一个有你穿着这么合适的。她们穿哪，我是不忍心多看；你穿哪，我是不忍心看你脱啊！美女就穿着走吧！”

白姐的一张巧嘴，就这样完成了一次销售。

登门槛效应的实现，在于抓住人性的弱点，利用人类的心理错觉来步步说服。当对方接受了我们的小要求后，为了保持认知的协调，也为了给我们留下前后一致的印象，便会不自觉地接受我们提出的更大的要求。很多时候，求人办事就像是在登高，想要一口吃个胖子、一步登天，绝非易事。但如果女孩能够保持耐心，一点一点地向上攀登，那么总会迎来登顶的时刻。

良好口才养成攻略

那么，女孩在与人交流、求人办事时，应该怎样利用登门槛效应帮助自己完成目标呢？

1.开口小小地

想要登门槛效应助我们一臂之力，首先要迈好第一步，即促使双方之间完成第一次合作。因此，在提第一个小要求时，我们一定不可狮子大开口，一句话就吓跑了对方。运用登门槛效应，如同在攀爬对方心中的楼梯。我们首先要找到入口，才能一步一步地向着目标前进。只要第一次的合作给对方留下轻松愉快、举手之劳的印象，那么接下来的进程就会顺利

很多。

2.张口慢慢地

有些人在完成了第一次合作后，很容易忘乎所以，急于求成。登门槛效应又叫作“得寸进尺”效应，但这并不是说我们在得了寸后就直接要尺，而是要求我们一寸一寸地累积为尺。如果前后要求之间的跨度太大，等于我们直接剥夺了对方心理缓冲的余地，会使对方的防备心理陡然剧增，极大增加我们被拒的风险。

3.他能吞下的

在登门槛效应的应用中，随着我们的要求一步步提高，从最初的请求到最终的请求，很有可能已经从量变累积到质变。但女孩需要注意的是，无论你最初的要求多么微不足道，无论你一步步攀登时对方多么迁就配合，最终的要求，绝不能超出对方的能力范围和心理承受底线。登门槛效应的原理是降低对方心中的防备和抵触情绪，而不是消除对方心中的底线。

知识点链接

1966年，美国社会心理学家弗里德曼与弗雷瑟通过一个名为“无压力的屈服”的实验，验证了“登门槛效应”的存在。

实验中，他们的助手分别来到两个小区，劝导居民们在自家房前竖起一块“小心驾驶”的标语牌。在第一个小区，助手直接向小区的居民们提出了这个要求，结果仅有17%的人接受了这个要求，其他的大部分居民都毫不留情地拒绝了助手。在第二个小区，助手先请居民们在一份赞成安全驾驶的请愿书上签字，这个举手之劳几乎被所有的居民接受了。过了一段时间后，助手再次来到这个小区，请求居民在其房前竖起标语牌。此时，多达55%的居民答应了这一要求。

亮出优势，让他看到你之于他的价值

美国社会学家霍曼斯指出，人与人之间的交往，从本质上来说是一种社会交换。这种交换类似于市场中的商品交换，遵循着商品交换原则。在这种交换中，虽然人们都希望自己得到的价值超出付出的价值，然而从实际情况来说，只有双方的付出与得到都大致对等，这种交换关系才能得以维持。换而言之，在人际交往中，当我们需要利用他人身上的价值时，只有同时向他人展现我们身上可以为他所用的价值，才能形成一种交换，才能使这一关系延续下去。

一次，卡耐基租借了某个酒店的房间，打算举办培训班。然而，当他一切事宜准备妥当时，酒店的经理却通知他，要增加300%的租金。

对此，卡耐基没有指责对方言而无信，也没有婉言请求对方“高抬贵手”，而是客气地帮着对方算了一笔账。

“接到你的通知，我着实有些震惊。我们不妨先来算算账，看看这次涨价对你来说到底是利大于弊，还是弊大于利。如果你坚持要增加这笔巨额租金，就等于赶走了我，那么，我势必会在别的酒店举办培训班。你可以想象一下，这个培训是由怎样的人员组成。这些学员，都是有着不菲收入和较高地位的企业管理者。对于这间酒店来说，他们的到来，不是一次免费而且影响巨大的宣传吗？试问，即便你在知名报纸上花费5000元做广告，就能保证将这些人都吸引到这家酒店来参观吗？这些，希望你能考虑清楚。我等待你的答复。”

第二天，卡耐基接到了经理的回复，房租只涨50%，而并非最初的300%。

人活于世，很多时候都需要依靠他人的帮助。在有求于人时，如果女孩一味希望对方因同情自己而大发善心，那么，不仅等于拱手交出了交际的主动权，还会使得自己的尊严与人格受到损伤。在向人求助时，不妨主

动亮出你自身的优势，让对方看到你之于他的利用价值，令其更加主动、更加心甘情愿地为你提供帮助。

良好口才养成攻略

那么女孩在与人交际时，该怎样让对方看到你的利用价值呢？

1.让对方明白你是有实力供他利用的

以弱者之姿求人，换来他人的同情，不见得能获得他人竭尽所能的帮助；而以强者之态求助，往往能令他人更加主动、更加尽其所能。如今，越来越多的人已经深谙“冷庙烧香”的道理，愿意尽可能地在那些暂时龙游浅水的强者身上作一些投资。落难英雄让他们更加期待，也更加相信自己的投资回报率；碌碌之辈却只会让他们心生犹疑，即便出于同情施以援手，也只是敷衍了事。因此，在向他人求助时，女孩应展现出自己的实力，让对方自己去权衡利弊，去判断你值得他何种程度的帮助。

2.让对方相信你是有潜力让他信任的

无论是在职场还是在生活中，初出茅庐的女孩想要获得他人的帮助，首先要将自己的优势发挥出来，让对方看到你充满无限可能的未来。或许你欠缺经验，但是你背后广阔的人脉可以为你提供便捷；或许你能力不足，但是你坚忍的毅力足可以让你像那些才华卓越的人一样做好每一件事，一点一滴累积起你的成功。当你的潜力足以引起对方的重视、获得对方的肯定与赏识时，你自然会成为对方愿意提供帮助的对象。

3.让对方清楚你和他有着共同的利益

身处社会中，人与人之间总是存在着千丝万缕的联系。而各人之间的利益，也会存在着千头万绪的牵连。也许从表面上来看，你需要求助的某个人与你之间并没有什么共同利益，甚至你的要求将有损他的利益，但是，只要仔细寻找，你们之间一定在某些方面处于同一战线，一定能求同存异地共同谋求利益。如事例中的卡耐基，他要求老板打消涨价的念头，

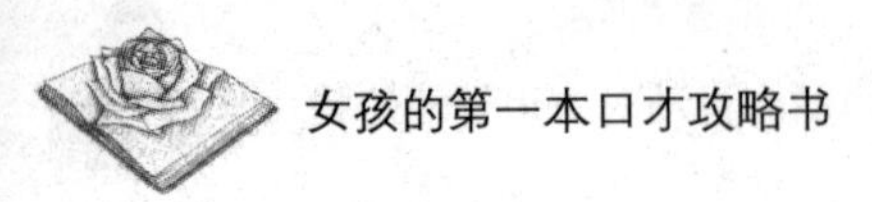

表面上看，老板同意他的请求后受到了直接的经济损失；然而，卡耐基的潜在价值，却让老板在舍了小利后赚得更多。

知识点链接

在社会交换理论中，最使人感到满意的社会交往关系是公平关系，即社会交换中遵循公平原则。没有人喜欢被人剥削，而绝大部分人也不愿意多占便宜。判断一种交往关系是否符合公平原则，可以通过以下几点。

1.平均分配：每个人都得到均等的利益，这也是公平原则中最简单的一条。

2.按需分配：需求较多的人获得较多的利益。如在子女众多的家庭中，父母往往更关怀体弱多病的孩子。

3.按劳分配：每个人得到的利益与其作出的贡献成正比。

互惠互利，让他明白是合作不是请求

人际交往中，出于内心对公平原则的追求，人们往往会主动遵守互惠互利的原则。例如，当我们受到别人帮助或是接受了别人赠予的好处时，往往会自觉寻找机会回报对方。那么，女孩是否想过，我们还可以反方向利用互惠原则，来获得他人的助力呢？

春秋时期，晋国公子重耳，因遭到继母的屡番陷害，为保性命，只得出逃。他一路颠沛流离，经过了许多国家。当他来到楚国请求收留时，楚成王以国君之礼招待了他。

在酒宴上，楚成王有意问道："如果公子能够回到晋国，会以什么来报答寡人呢？"

重耳答曰："男女奴婢、美玉锦帛，您应有尽有；鸟羽、兽毛、象

牙、皮革，这些都是贵国的特产。那些流入晋国的珍品，不过是您挑拣剩下的，您根本不在乎。这样的话，我该如何报答您呢？”

楚成王不死心，追问道：“即便如此，你也应该对寡人有所报答吧？”

重耳想了想，回答道：“如果依靠您的威势，我有幸返回晋国，那么，一旦楚晋两国有交兵的那一天，双方的军队在中原相遇，我会命令晋国的军队退避三舍。如果我这样做您还是不满意，我也只有左手拿着马鞭和弓箭，右手挂着弓套和箭袋，来与您周旋了。”

重耳不愧为春秋五霸之一，深谙人心的他明白，对于楚成王这样的一国之君来说，财物宝器根本不值一提，他在意的是国家的政治利益与自己的威名。重耳一席话，戳中了楚成王的心事，让其最终下定决心，不断驳回了臣下要杀死重耳的建议，还出手相助，将重耳送到了秦国。

在大部分人心中，都存在着“知恩图报”的心理，在这种心理的驱使下，人们会以相同或是相近的方式回报他人的付出，以此获得内心的平衡与自我认知的认同。同时，一旦这种互惠的行为得以延续，双方的关系便会在你来我往中良性发展、日益亲近。而女孩在向他人寻求帮助时，不妨直接表明你期待与他通力合作、获得双赢的态度。当对方意识到你将为他带来利益时，本着互惠原则，对于你此次的要求，他会尽力配合。

良好口才养成攻略

那么，女孩在向人寻求帮助时，该怎样让对方意识到，这是一场合作，而非你单方面的请求呢？

1.明确地表达你会有所回报的态度

向他人求助时，女孩应尽量找到所求之事中隐藏的双方共同的利益点，使这次单方面的求助变为双方的合作。如果这件事对于对方来说实在没有什么切实的益处，那么，女孩应及时且清晰地表明你一定会回报他。即便当下或是短期内不能回报，女孩也要意志坚定地告诉对方，在将来的

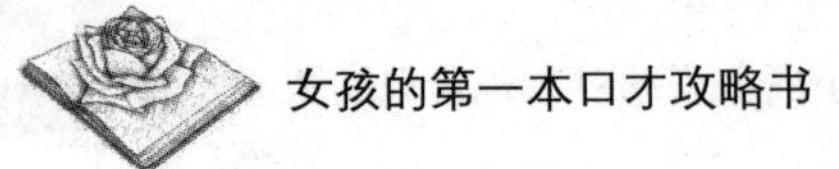

某一日，在合适的时机，你必然对他有所回报。

2.尽量承诺给予对方最渴望的回报

只有内心深处最渴望的事物，才能让一个人心痒难耐、欲罢不能，即便面临风险，即便可能失败，也要倾尽全力地去试一试，也要尽其所能地去争取。因此，有求于人的女孩在承诺回报时，应尽量选择最令对方垂涎欲滴的东西。这样，才更容易让对方答应你的请求，并为之尽心尽力。

3.不卑不亢地表达互惠意愿

表达互惠意愿时，女孩也须注意自己的态度，要中肯可信，要不卑不亢。不懂得谦和，一脸施舍者的样子去寻求帮助，很容易遭到对方的拒绝；而不晓得自重，卑躬屈膝地向他人发出请求，也很难令他人伸出援手。一个骄傲的合作者是令人厌恶的，而一个卑微的合作者，则是无法令人信任的。

知识点链接

“不卑不亢”一词，源自明代朱之瑜的《答小宅生顺书十九首》，原句为：“圣贤自有中正之道，不亢不卑，不娇不诌，何得如此也！”

朱之瑜，字楚屿，又作鲁屿，号舜水，明清之交的学者、教育家，浙江余姚人，著有《朱舜水集》。与黄宗羲、王夫之、顾炎武、颜元被并称为明末清初中国五大学者，并与王阳明、严子陵、黄宗羲被并称为余姚四先贤。清军入关后，朱之瑜流亡在外，参与反清复明的活动。至南明小朝廷灭亡，朱东渡日本，定居于是。后在长崎、江户（今东京）等地讲学授徒，传播儒家思想，受到日本朝野人士的推崇，在日本有着广泛的影响。

巧妙示弱，楚楚可怜的女孩更易成功

生活中，我们都有这样的体验：很多时候，当我们有求于人时，磨破嘴皮摆明了道理、说尽了好话，远不如一句弱势的请求更加有效。女性性格中，天生就有娇柔、脆弱的一面，女孩何妨巧妙地利用好这个特点，化劣势为优势，让其助我们得偿所愿呢？

这天傍晚，莉莉来到闺蜜糖糖家时，一脸的愠怒。糖糖一看就知道，好友又和老公吵架了。糖糖冲正在摘菜的老公伟杰使了个眼色，就拉着莉莉进了卧室。

“怎么了？一脑门子官司，谁又惹我们少奶奶生气了？”

“还不是家里那个缺德鬼！”莉莉恨道，“你说，现在的男人，还有几个不干家务的？女人同样要赚钱养家，回到家累得臭死，看到那个白眼狼儿在那儿充大爷，能不气炸了么？”

“男人的压力更大，也更累些。我们也要体谅体谅。”糖糖笑着拍了拍莉莉的手。

“说到压力，伟杰是部门经理，难道工作不比我家那个没出息的小科员辛苦？看看伟杰多知道疼人，结婚这么些年，家务包揽了大半。我说，你是怎么教育的？也传授我几招。”

“好啊！”糖糖爽快地答应了，“今晚留在这儿吃饭，我现身说法。”说完，她又冲着门外喊道，“老公，我今天好累，你替我做饭好不好？”

“没问题！”伟杰叠声应着，“你们姐妹好好聊，我给你们做几个好菜。”

没多久，伟杰就招呼两人吃饭。饭桌上，糖糖夹了几只虾到伟杰碗里，说，“老公，多吃点虾。”

“你也吃啊，特意给你做的红烧大虾。”伟杰笑了笑。

“我指甲软，一剥虾就痛。”糖糖噘起了嘴。

不多会儿，几只剥好的虾已经躺在了糖糖碗里。

吃完饭，伟杰主动去洗碗，糖糖又和莉莉聊了起来，“知道我是什么法子了吧？你呀，不说我也能猜到，让老公干活时不是唠叨就是喊叫，哪个男人能这样听话？在家里啊，你要总是老虎，男人就一直是懒猪；你要偶尔变成绵羊，男人就能变成狮子。女人要哄得男人听话，就得学会适当示弱，让他有种大男人的感觉，主动照顾你、保护你。”

对于弱者，人们往往更加怜爱、更加照拂。尤其对于男性来说，柔弱的女性往往能激起他们强烈的保护欲，令他们赴汤蹈火亦在所不辞。在日常人际交往中，女孩不妨适当示弱，展现出女性楚楚可怜的一面，用你娇弱的嘴，让对方迈开积极的腿，令自己在交际中收获更多的帮助与关照。

良好口才养成攻略

那么，女孩应该怎样巧妙示弱，让他人顺从我们的心意呢？

1.平日里是个强者，求人时学会低头

想要使你的示弱令人心生不忍，女孩首先应当是一个在平时能够独当一面的人。这样，你偶尔的示弱才能激起他人更大的触动，让他人愈发不忍拒绝你。如果你惯于事事求人，时时柔弱，那么你的示弱便成为一种常态。当人们的耐心被耗尽后，你再表现出怎样的低姿态，也难以收到效果。

2.动之以情

向人求助时，与其通篇讲大道理，不如用几句撼动人心的柔情话语。面对女性柔弱的姿态、委屈的神色，对方无论有着多么硬的心肠，百炼钢也会化为绕指柔。面对流连在外的丈夫，妻子数度的斥责哭闹都没有起到作用，最后令丈夫回头的，却只是一句话：“这些年为了孩子忽略了你，对不起。你的胃不好，以后不管多忙，也尽量回来吃饭，别让我担心好吗？”

3.泪水也是一种“武器”

有人曾戏谑地说道：“泪水，是女人杀死男人的终极武器。”这句话无疑说明了女性那一滴晶莹剔透的泪水的力量。人们很少轻易在外人面前流露出脆弱、无助、伤心的一面，难过的泪水作为一种较为强烈的消极情绪的媒介，会让对方感到你与他的关系在这些泪水中变得更近。而泪水作为女性的终极武器，当它滴落在他人面前时，能够在瞬间撼动对方的意志，令对方更易相信你迫切需要他的援助。

知识点链接

“楚楚可怜”一词，最早见于南朝刘义庆所撰的《世说新语·言语》，原句为：“松树子非不楚楚可怜，但永无栋梁用耳。”

刘义庆，字季伯，南北朝时期文学家，宋武帝刘裕之侄，生父为长沙景王刘道怜，后被过继给叔叔临川王刘道规，袭封临川王。原籍彭城，世代居于京口（今江苏镇江）。身为王侯，刘义庆才华卓著，爱好文学，广招八荒有才之文士，编写了记录魏晋风流的笔记小说《世说新语》和志怪小说《幽明录》。

易地而处，将心比心才能攻下人心

俗话说，人心都是肉长的，以心换心，才能赢得人心。生活中，那些有求必应、经常获得贵人扶持的人，通常都是懂得将心比心、为人着想的人。当他们希望他人按照他们的意愿行事或帮助他们时，即便自己身处困境、举步维艰，不得不求助于他人，也会先设身处地地为对方考虑。试问，面对这样的人，谁还忍心拒绝他们的要求呢？

工厂倒闭后，为了生计，赵姐不得不开起了夜班出租车。虽说一个女人在晚上出车总是提心吊胆，但一想到孩子的学费和丈夫微薄的工资，她也只能硬着头皮干下去。

这天夜里，一个满身酒气的男青年上了车，告诉赵姐地址后，他便靠在椅背上打起盹来。赵姐一听，是个偏僻的地方，原本不想送；可是跑了大半夜，这是头一桩生意，明天又要给孩子打生活费，斟酌之后，她还是踩下了油门。

到了男青年指定的地点，还没等赵姐叫他，他突然睁开双眼，掏出一把匕首架在了赵姐脖子上，要她交出所有的钱。赵姐无奈，只能把备用的零钱都给了他，随后说道，“我兜里还有几个硬币，打算买早点的，也都给你吧。”说着，就掏出钱递给了青年。青年见赵姐不敢反抗，也放松了警惕，匕首渐渐远离了她。赵姐见状，又说，“这么晚了，我送你回家吧，这个地方打不到车。你彻夜不归，家里人得着急死。”青年想了想，要赵姐送他去火车站。

赵姐点点头，慢慢发动了汽车。她不疾不徐地开着，和青年聊了起来。“你今年多大了？看你的样子，和我儿子差不多大。他今年大二了，功课紧，还到处打工，怎么劝他也不听。”见青年的神色有些异样，她又说道，“我也不容易，半年前下岗了，老公身体也不是太好，我只能找个朋友，跟他倒班儿开出租，挣点家用。你看，我是个女人，岁数也大了，啥重活也干不了，好在学驾照学成了。像你们这些年轻人，脑子活，身体又棒，干点什么不行！你才二十来岁，一旦走上歪路，剩下的几十年就毁了，一辈子就完了。”

到了火车站，没等青年下车，赵姐又说，“小伙子，今天的钱就算我帮你的，这事儿我谁也不告诉。你拿着钱，找个地方好好睡一觉，醒了去吃顿饱饭，然后去找个正当的事儿干吧！天底下没有饿死的人，只有懒死的人。”

听了这话，青年突然掉下几滴眼泪，一把将钱塞回赵姐手里，说，

“大姐，谢谢你。你放心，我以后再穷，也不会再走歪路。”说完，他打开车门，渐渐跑远。

人是感性的动物，当你在动情地与人沟通、交流时，当你真诚地表达出你的理解与关怀时，对方往往会以相近的态度回应你。此时，即便他无法应承你的请求，他也会想法设法地安抚你，乃至动用他周边的资源、尽他所能地帮你解决一些问题。因此，女孩在说服他人帮助自己、顺从自己时，即便最初的目的不能忘却，也要牢记，只有懂得将心比心，才更容易获得他人的帮助与体谅。

良好口才养成攻略

那么，女孩在与人相处、求人办事时，该怎样将心比心，攻入对方的心房呢？

1.少说“我”，多说“你”和“我们”

在与人沟通时，一味地强调“我希望”“我需要”，是求人办事的大忌。求人办事时，本就是你有求于人，此时你更应该考虑的是对方的感受与对方的需求。你的请求是否触犯了他的利益？你的要求是否让他无奈甚至反感？你的话语，是否能让他更加视你为自己人，让他觉得无论从情感上还是道理上都应该帮助你、顺从你？多说“您可不可以”，让对方感觉到你的尊重，感觉到他的分量；多说“我们能不能”，让对方产生共鸣，在这种暗示中主动站到你的队伍中。

2.表达理解和关怀

无论是求人办事，还是引导他人顺从，无论最终成功与否，女孩都要及时表达出自己对于对方观点、处境等方面的理解与关怀，尽力以此与对方达成共识。如此，才能为下一次的交流打下良好基础，乃至触动对方心怀，令其主动为你筹谋、为你所用。

3.态度诚恳，语气谦和

有些初入社会的年轻人，往往年轻气盛；且如今的80后、90后，多为独生子女，在家中享尽了父母的关爱呵护，过惯了所求皆有应的生活，因此，到了社会中有事求人时，一时难以改正，常常一副理所当然的样子。面对这样的请求者，即便涵养再高的人，也只会平静地拒绝，或是随意地敷衍。在求人办事或是引导他人时，女孩要保持诚恳的态度，使用谦和的语气，让他人感觉你是因为敬重他们而有求于他，而与之沟通。

知识点链接

“易地而处”一词，出自唐代刘知几所著的《史通·杂说上》，原句为：“若使（司）马迁易地而处，撰成《汉书》，将恐多言费辞，有逾班氏。”

刘知几，字子玄，唐高宗年间进士，彭城（今江苏徐州）人。武周年间，刘知几开始担任史官，撰起居注，历任著作佐郎、左史、著作郎、秘书少监、太子左庶子、左散骑常侍等职，兼修国史。

刘知几认为史学家应兼备才、学、识三长，尤重史识。他提倡“不掩恶、不虚美”的直笔，及“爱而知其丑，憎而知其善”。他崇尚实用，反对浮词，抨击六朝骈文华而不实的文风。他的诸多文论观点，成为中唐古文运动的先声。

第10章

口才有魅力：需要你懂这6项秘诀

女孩的面容，彰显着动人的妩媚；女孩的身材，展现着迷人的丰姿；女孩的性格，蕴含着感人的风致……女孩的一切，都向人们散发着独特的美丽。对于一个优秀的女孩来说，口才的魅力，更是不可或缺的。那么，如何锻炼自己的口才，如何优化自己的表达，才能让自己口吐莲花、出语动人呢？读完了这一章，相信女孩能从中找到一些答案。

敢做敢说，自信的女孩说话更有气场

在中国传统的思想中，“能言善辩”者似乎并不怎么受待见，人们往往认为那些沉默寡言者更显持重老成，更值得信任。例如，春秋战国时期百家争鸣，精彩纷呈，而以善辩著称的名家，在过去的国人思想中，似乎并不如儒家、法家等学说那样受到尊重、推崇，也从侧面印证了这一点。然而，这种观点在今天已然过时。如今，只有敢于表达自己、善于表达自己的女孩，才能在竞争压力巨大的当今社会中立于不败之地。

每到月底的工作汇报，就是小杨最头疼的时候。听着她结结巴巴的发言，别说同事，就是一向和蔼宽厚的经理，也会不自觉地皱起眉头，难掩不满之色。

这天，部门主任找到小杨，两人刚坐定，主任就开门见山地说：“小杨啊，当初你是我招进来的。你那会儿只是不爱说话，没有口吃的毛病啊！现在是怎么了？越到人多的场合越结巴，太耽误事了！小杨啊，按岁数来说，你叫我一声叔也不为过。听叔的，这要是天生的毛病，咱得治。好多演讲大师以前都有口吃呢，人家不是也治好了。”

“主任，对不起。”小杨低着头，慢慢地说道，“我不是天生结巴。小时候，家里人都叫我小话痨。后来妈妈嫌我话太多，管我管得很严，不让我说话。慢慢地，我就不敢张口说话了。再后来，一紧张就容易口吃。”

“原来是情绪的问题。”主任点点头，“你看你，业务能力是部门员工里最强的，为什么到现在还没升职？就是因为你这副口才啊！仔细听

听，你每次做的工作汇报，都是数一数二的；你跟我们聊天，说的话，也经常有点睛之笔，可是你说话又结巴又没底气，就算是金玉良言，也没人认真听啊！小杨啊，听叔的，咱从今天起，好好调整心态，只要你有了自信，敢抬头挺胸地说话，相信一切问题都能迎刃而解。”

笨口拙舌早已不是真诚的代表，唯唯诺诺也无法吸引他人的目光。只有敢想敢说，女孩的话才动听；只有坚信自己，女孩的话才有人听、有人信。女孩们，用嘴角勾勒出迷人的微笑，用话语展现出自信的风采吧！你自信的话语，会让你更有气场；你动人的气场，会让你更有人气。

良好口才养成攻略

那么，想要发言充满自信、赢得人们的青睐，女孩该从那些方面着手呢？

1.不多想便能少紧张

很多时候，我们那些紧张、恐惧的情绪，往往来自于对未来的无知与不确定感。当我们不知道我们的发言会带来怎样的后果时，焦虑的情绪便自然而然地产生了。换而言之，正是因为我们太过看重自己发言的效果，才会觉得紧张、恐惧。如果我们在发言之前不去作过多的设想，不去抱过高的希望，那么我们的心态就会平稳许多。要知道，每个人最关注的，永远是自己。当你因为自己的一个口误懊恼悔恨时，也许别人的注意力并不在你身上。

2.多准备便能少无措

在平时，女孩应多留心一些合适的谈资、话题，为将来的发言作准备。在社会生活中，无论是公事上的发表演讲、商务谈判、会议发言，还是私下里与人聊天，女孩都应有所准备。对于沟通对象，女孩要多作了解，在沟通前就尝试对双方可能出现的对话模拟一二、斟酌几句，这样才能使自己的话更易被对方接受、喜爱。

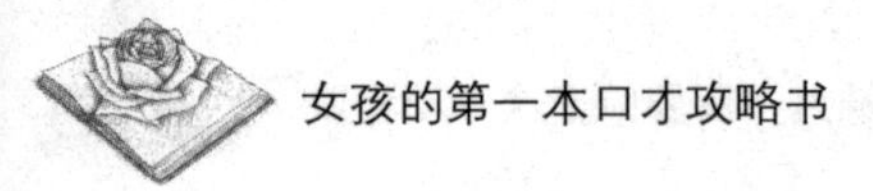

3.常练习便能少出丑

俗话说，熟能生巧。当我们对于一项事物熟谙于心时，它便不会再给我们造成紧张情绪。不会说话，可以学着说话；不善说话，可以练习说话。在平时的工作生活中，我们可以不断汲取他人言辞中的营养，不断吸收名著典籍中的智慧。积累与练习，可以让你的口才不断进步，让你更加自信。

知识点链接

“名家”是春秋战国时期的诸子百家之一，又称为“辩者”“刑（形）名家”，以辩论名实问题为中心，以善辩而闻名。“名”指的是指称事物的名称，即我们常说的“概念”；“实”则是指事物本身。

名家这一称谓的由来，源自这一学派为了传名扬道，在“思以其道易天下”的过程中最先围绕“刑名”问题，以研究刑法概念而闻名。后来，该学派渐渐由刑名研究扩展到“形名”研究，“名实”研究。他们围绕着“名”和“实”的关系，展开论辩，提出自己的观点。然而，他们的研究方法较为奇特，“控名指实”“参伍不失”（汉司马谈评），且名家所擅长的辩论也被人们指为“苛察缴绕”，因此，名家在历史的长河中一直难受重视、推崇。

名家的代表人物有邓析、惠施、公孙龙等人。其中，邓析是春秋末年郑国人，其思想与三晋文化思想有着深刻的渊源关系，且有学者认为，中国逻辑史的开创者应为邓子，而非孔子。惠施为战国中期宋国人，著名的政治家、辩客、哲学家。据《庄子》所载，惠施学派提出了“火不热”“鸡三足”“矩不方，规不可以为圆”“白狗黑”等命题。公孙龙为战国末年赵国人，为当时名家代表人物。他曾在赵平原君家中为门客几十载，是著名的游士、谋士。他是“离坚白”派的领袖，提出了“白马非马”等著名命题。

从容不迫，即兴发言也尽显迷人风采

随着在社会生活中承担的责任越来越多、扮演的角色越来越重要，在很多场合中，即兴发言也成了女性不可避免的环节。即兴发言通常是一些小的演讲，要求演讲者根据现场环境、氛围、听众等临时发挥。这种发言对于演讲者的随机应变能力和口才素养有着极高的要求，只有那些修养风度俱佳，且充满自信的人，才能优雅地完成这一“任务”。

有一次，马克·吐温应邀参加了一个宴会。在宴会上，人们纷纷为战争中的将军们祝酒。这时，有人故意为难马克·吐温，要他以《为婴儿祝酒》为主题，即兴发表一段祝词。马克·吐温欣然领命，在开头这样说道：“为婴儿祝酒，这真是妙不可言！在座的各位，并非都有幸做女人，也并非都做过将军、诗人或政治家——但是，说到为婴儿祝酒，大家就有了共鸣——咱们可都做过婴儿！千百年来，这个地球上的各处在举行宴会时，总是忽视婴儿，仿佛婴儿一点也不重要，这真是太不像样了！先生们，我们不妨好好想想，如果各位能够回到几十年前，回到新婚不久、初为人父的时候，当各位再次凝视你们的第一个孩子时，就会感觉到他在你心中的重要性。并且，对于你来说，他已不仅仅是重要能够形容的。”

这样的开头，引起了全场热烈的掌声和欢快的笑声，人们都被马克·吐温的演讲吸引了。调动起人们的兴趣后，马克·吐温又用了一系列的修辞手法，顺势将婴儿与军人乃至国家的未来结合起来，整个演讲获得了极大的成功。

紧张、惧怕的情绪，是即兴发言的死敌。克服这些不良情绪，是女孩作好即兴演讲的首要之务。平时的积累与练习，是即兴发言的基石，只有打好基础，才能在面对考验时心中坦然、从容不迫。充分运用好自己的口才技巧，结合时境与听众等具体情况，组织起合适的语言，才能在这一次发言中，尽显女孩的迷人风采。

良好口才养成攻略

那么，想要作好即兴演讲，女孩应该注意哪些方面呢?

1.到什么山唱什么歌

即兴讲话，最需要注意的便是符合语言环境。当人们邀请一位他们认同的人作演讲时，往往是希望演讲者能够或画龙点睛，或力挽狂澜，最不济，也应该能够锦上添花。如此，便需要女孩能够认清当前的语境，明白自己这次发言的任务，做到因时而言，因事而言。

2.开头很重要

即兴发言通常都较短，如何用最少的语言、最少的时间将听众的注意力集中、兴趣激发，就在于演讲者开头的技巧。在这种较为简短的演讲中，选择一个开宗明义、紧密联系主题思想的开头，是大多数演讲高手的选择。若仅是为了吸引关注、调节气氛而采用大量赘言、说东道西，反会事与愿违。

3.把握好自己的主题思想

任何一个演讲，至少应有一个明确的主题。发言时，女孩应紧贴自己的主题思想，中心明确、言之有物，切忌天马行空、东拉西扯。一个没有侧重点的演讲，一段杂乱无章的发言，只会让听众不知所云，难以理解演讲者的意思。

4.平时的积累是大前提

一到该发言时就张口结舌的人，有的人是因为羞于表达或不善于表达，茶壶里有饺子倒不出；有的人却是因为腹中本就空空，“巧妇难为无米之炊”。优质的口才需要扎实的基础来支撑，若平时不注意积累，不经常学习，即便天赋异禀，初时尚能巧言善辩，但总会有才华枯竭的那一日，难以长久凭借口才令人信服。

知识点链接

“从容不迫”一词，最早源自《诗经·小雅·都人士序》，原句为：“古者长民，衣服不贰，从容有常，以齐其民，则民德归壹。”

《诗经》是我国最早的诗歌总集，也是中国古代诗歌的开端，相传为尹吉甫采集，由孔子编订。共有311篇，分为《风》《雅》（又分为《大雅》《小雅》）《颂》三个部分，现存305篇（另6篇为有题无诗的笙诗），因此又被称为“诗三百”。

《诗经》中包含的内容十分丰富，反映了劳动、战争、压迫、爱情、反抗、风俗、徭役、祭祀等诸多周朝初年至晚期的社会风貌。在先秦诸子百家中，很多学者在著述论理时，常常引用《诗经》的内容，如孟子、荀子、庄子、墨子、韩非子等。

分析自己，客观看清自己的表达能力

我们常说，现代社会，女孩要敢于表达自己，善于表达自己，这样才能让人们通过最便捷、最适宜的方式了解自己、接受自己，才能让彼此间的沟通的效益得以最大化。这就要求女孩不仅要敢说，还要会说。而要做到“会说”，毫无疑问的，首先需要女孩能够看清自己的表达能力，正确认识到自己的优势与短处。

短短半年间，赵海就从一个不善言辞的木讷小伙子，摇身一变成为单位里数一数二的好口才，无论什么话题，他都能聊上两句，而且说出的话总是令人听着舒服，也愿意信服。对此，当初与他一起被戏称为“闷葫芦七兄弟”的几个同事，纷纷向他讨教经验。

“说起来也没什么难的。”赵海深知腹中有话倒不出的苦恼，因此说起自己的成功经验来毫不吝啬，“不会说话分很多方面，想要改善这种情况，要先找准自己的问题所在，才能对症下药。比如说我，我知道，以前不爱说话，是因为自己说话总是惹人厌烦，所以干脆闭紧嘴巴。后来我仔细分析，发现我惹人烦的主要原因，是因为咱们单位中年人比较多，他们不怎么接触网络，因此对于一些流行的话题和网络词汇不感冒。当你说的话别人听不懂或是不感兴趣时，自然不愿意再听下去。因此，我慢慢改变了自己的说话习惯，不再张口闭口就流行词，跟什么人聊天都尽量挑选适合对方的话题。当然，想要话题多一点，还要在平时多积累。我再举个例子，比如说小顾，其实你肚子里的货很多，是我们单位的一大才子。不知道怎么跟人聊天，就是因为你不会打招呼，不会跟人寒暄两句，把气氛热起来。你先从这方面改进，包管你能看到立竿见影的效果。”

中山先生曾说，“知难行易”。当我们对于自己的表达能力真正有了正确的认识后，便能对症下药、取长补短，改善表达、增进口才便不再是难事。没有人生来就带着一张巧嘴，即便是那些举世闻名的演说家，他们的口才也是在日积月累中以辛勤的汗水换来的。客观看待自己的表达能力，主动发挥自身的优势、改进尚存的不足，想要字字珠玑，又怎会是难事呢?

良好口才养成攻略

那么，女孩可以从哪些方面分析，看清自己表达能力的基本概况呢?

1.寒暄、礼貌用语是否使用得当

寒暄、礼貌用语等，是我们与他人沟通时的基本用语，是否掌握寒暄、礼貌用语的正确用法，是体现一个人口才修养的基础。很多时候，一句简单的“你好”“最近天气不错”，其使用场合与方式的不同，都会给对方带来完全不同的感受。学会寒暄，懂得礼貌用语的正确使用方法，是女孩在锻炼自己的口才时须首要掌握的技巧。

2.口头禅、习惯用语是否令人满意

前文我们已经介绍过，一个人的口头禅中蕴含着颇深的玄机，能够让他人从中探知他的心理、性格等。近年，随着互联网的发达，许多年轻人习惯将一些流行用语、网络词汇挂在嘴边。这些字句固然能体现年轻人紧追潮流、活泼开朗的一面，但女孩也要时常自省：在使用时，自己是否顾及了场合与对象？对方听到这些词汇，是否与我们感同身受、喜闻乐见？这些词汇的含义，是否能够正确表达我们心中的想法？

3.话题是否令大部分人感兴趣

虽说我们不必太过计较他人的眼光，做好自己即可，但我们身处社会，作为一个社会人，理应争取社会中或是一个群体中大部分人的认可与赞同，否则，我们将举步维艰。因此，在人际交往中，对于话题的选择，也考验着女孩的口才。你的话题不必刻意迎合那些行业的专家、社会的精英，你说出口的话，能够符合群体的规则，让大部分人感兴趣、有共鸣即可。

4.用语是否能让对方明白

表达能力，在很大程度上指的是自己的话语能够以最短的时间、最便捷的方式让对方清晰、明了的能力。一个满口专业术语的业界翘楚，对于一个目不识丁的农民来说，他的表达能力就是不合格的。一个满口白话的人，与学术泰斗探讨学问时，他的话也是难让对方满意的。沟通追求的是“通”，不是自我表现，更不是自我揭短。

知识点链接

“日积月累”一词，出自《宋史·乔行简传》，原句为：“借纳忠效勤之意而售其阴险巧佞之奸。日积月累，气势益张。”

乔行简，字寿朋，南宋大臣，浙江东阳人。著有《周礼总说》和《孔山文集》，惜《孔山文集》今已散佚。宋光宗年间进士，历任宗正少卿、秘书监、工部侍郎兼国子监司业兼国史院编修、实录院检讨，后升侍读兼国子监祭酒、吏部侍郎，还先后代理礼部尚书、刑部尚书。宋理宗时期，乔行简曾任参知政事，兼同知枢密院事、进知枢密院事、右丞相、左丞相，晚年至平章军国重事，并被封为鲁国公。

夯实基础，谈资充足才能口吐莲花

现代社会中，口才在社交中发挥的作用可谓不言而喻。如今，越来越多的人已经注意到口才的重要性，有意锻炼、培养自己，以望使自己拥有优质的口才。俗话说，万丈高楼平地起，我们不管做什么事，都要从基础抓起。只有打牢基础，才能获得货真价实的成就。而口才的基础，并非多么高深的学问，多么艰难的任务，它就存在于我们的身边，成长于我们一点一滴的积累当中。

从美发学院毕业后，刚子在这个城市最繁华的美容街上开了一家自己的美发店。尽管他是初生牛犊，手艺尚不如其他店里那些老手熟练，但自从他开业起，生意就一直不错。不到两年，他已经成为一个手下拥有十来位理发师的老板。

这天，一个外地的老同学来到刚子的家乡看望他。看到刚子店里红火的生意，老同学不经感叹道，“在学校时你的手艺就最好，毕业了也是你最出息。你看，我们一届的学生，除了给人打工，有的自己开了店，最后还是黄了。就说我吧，赔进了我自己的积蓄不说，连父母给我准备的房子首付也搭进去了。现在只能在别人手底下混口饭吃。”

刚子微微一笑，拍了拍老同学的肩，“你别谦虚了，说到手艺，以前我在班里连前三都排不进去。其实啊，开店就是做生意，做生意就有做生意的法则，不是单纯靠手艺说话的。再说，当初我刚毕业，手艺能比这条

街上的老师傅们强么？我就是把握住了一点：只要顾客爱聊，就多跟他说话，多说他乐意说的话。理发的时候是很枯燥的，尤其是那些需要烫染的顾客，耗费的时间更长。这段时间里，你跟他聊聊天，让他觉得在这里理发不像在别处那样乏味，他自然愿意继续光临。抓住了回头客，我的手艺自然也能越来越好。这是一个良性循环，何乐而不为呢？”

“可是，每天那么多顾客，哪有那么多话题？再说了，就算不同的人用同一个话题，那些回头客，也会听厌啊！”

“所以我们要自己多准备话题！现在我的理发师，每天除了工作时间，我还要求他们抽出一个小时读书看报，这是硬性规定。肚子里的货多了，跟别人谈什么都有话说。不信你去问问，就算你想和他们谈《红楼梦》，我保证他们也能粗粗说上几句。”

古语云：“工欲善其事，必先利其器。”女孩想要拥有优秀的口才，在与人交往中妙语连珠、口吐莲花，就要从头做起，一点一点夯实自己的口才基础，做到心中有数、肚里有货，如此，才能在社交中谈吐不凡，才能在人群中脱颖而出。

良好口才养成攻略

那么，女孩可以通过哪些方式，来打牢自己的口才基础呢？

1.扩大自己的知识面

无论对方是谁，能够与对方交谈十分钟左右的时间且令对方保持兴趣，都不是一件容易的事情。这要求女孩有随机应变的智慧作帮手，更要求女孩有广博的知识面作底蕴。语言贫乏往往是因为知识面的匮乏。在过去，人们常说大部分理科生不如文科生健谈，从某个角度来说，也是因为理科生涉猎的知识范围较为专深，而文科生的知识层面更为广杂。

2.在身边寻找素材

我们说，生活是最好的老师。生活中，处处都有值得我们学习、借鉴的榜样。我们可以从新闻中获得讯息，可以从他人的连珠妙语中得到启示。仔细留心身边的人与事，你会发觉，积累谈资、学会说话，并不是一件十分困难的事。

3.阅读名著

名著中，往往蕴含着伟大的智慧与人生的哲理，能够启迪我们的心智，丰富我们的知识。也许有人觉得，读过的书总会忘掉，读书不过为了消磨时间。然而，只要我们用心去读，书中的养分，就会化为我们生命中的一部分，滋养着我们的灵魂。当我们的有效阅读量达到一定的程度，出口成章也不再是难事。

4.锻炼思维

在积累谈资、打造基础时，我们不能只是一味地搜集、接纳，还要多多开动脑筋，从这些内容中演化出更多的财富。生搬硬套不是长久之计，拾人牙慧也难免令人觉得索然无味，只有将适合自己的营养充分吸收、利用，才能锻造出更受欢迎的自己。

知识点链接

“脱颖而出”一词，源自毛遂自荐的典故，在《史记·平原君虞卿列传》中有如此描写：“使遂早得处囊中，乃颖脱而出，非特其末见而已。”“颖”本是指尖子，脱颖而出就是指锥尖扎透布袋显露出来，比喻人的才能得以显现。

相传毛遂为平原君赵胜门客时，居三年而不得施展抱负。公元前257年，他自荐使楚，促成了楚国与赵国的合纵，一时间声名鹊起，被赞为“三寸之舌，强于百万之师”。

毛遂逝后，后人为其建筑的墓冢十分高大，被列为“平干八景（古时平干国境内的八处景致）”之一，人称“毛遂高峰”。2008年，经过中国毛氏研究会的认定，确认毛遂乃是中华人民共和国开国领袖毛泽东主席的祖先。

牢记目标，围绕核心展开你的言论

人们常说“言多必失”，其实很多时候，失言往往不是因为言多，而是因为说话者心中没有一个明确的目标，没有明朗此次沟通的目的，或是虽然明确了目标，却没有时时铭记于心，以至于“把不住嘴”。

无意中，小蒋听到同事们背后戏称她为“废话筒子”，她很是郁闷，找来闺蜜开解自己。

闺蜜听了小蒋的牢骚，不动声色地说，“这样吧，我们先随便聊聊天，纾解一下你的心情。对了，你孩子报的那个小提琴班怎么样？老师的水平高吗？我也想让孩子学一门乐器，正想问问你的意见呢！”

“那个班啊，还行吧，老师还算负责。他当然得负责了，一堂课多贵啊！那么多钱总不能让他白赚去。现在挣钱这么不容易，我累死累活上一天班才挣孩子半堂课的钱，我老公一天班才够买孩子两本教材。对了，我老公最近脾气可大了，也不知道遇上什么烦心事儿了，让他跟我说说，他还懒得理我。哼，他不理我，我还不想理他呢！当初要不是看上他人老实，我怎么会跟他呢！追我的人多了去了，那个小薛，人家现在都是大企业的总经理了，到现在对我还念念不忘。你别误会，我可没存那个心思，就是想着多个朋友也多条路不是！他们公司是做外贸的，指不定以后就需要他的帮忙呢？哎，对了，你老公的公司不也是做外贸的吗？最近他们的生意怎么样？我跟你说啊，男人一发达了就忘本，你可千万看住了他。我知道有家理发店的手艺很好，你没事也要收拾收拾自己，才能拴住老公的心……”

不知不觉，半个小时过去了，闺蜜一直沉默不语，直到小蒋口干舌燥，停下喝水，闺蜜才说，“你还记得咱们是为了什么聊天的吗？”

“为了什么？啊，小提琴班啊！你给孩子报上也行，反正你家又不缺那个钱。现在升学考试压力多大啊，孩子以后走艺术生这条路也不错。邓大姐家那孩子就是艺术特长生，人家考上了人民大学呢！听那孩子说啊，现在学习可紧张了……”

又过了半个小时，闺蜜看着大口灌水的小蒋，说道：“咱们来好好聊聊你这说话方式吧……”

沟通之前，我们应首先明确此次交流的主要目标，并事先设想、组织好自己的语言；沟通进行之中，我们要牢记目标，主体言辞、整体态度、各种表达技巧应紧紧围绕这个目标而定。与人沟通中，女孩只有做到有的放矢，围绕中心思想展开自己的言论，才能完成沟通目标，达到理想的沟通效果。

良好口才养成攻略

那么，我们日常与人交流时，大多是为了达到哪些沟通目的呢？

1.说服、劝解

生活中常见的辩论、谈判、批评、建议等，都属于说服、劝解的目标范畴。当我们发表此类言论时，通常是为了改变对方的某种观念，劝阻对方的某种行为。

2.传递信息

报告、报道、教学、介绍、解说等，都是为了向他人传递某种信息。当我们为了传递信息而发言时，或简洁或详尽，或专业或白描，或大方或隐晦，具体的语言选择，应因人因事因时而定。

3.引起他人的关注

寒暄、拜访、提问、导游、主持等，这些为了引起他人的兴趣和关注的发言，通常是出于社交需要。当我们作此类发言时，应迎合大部分人的心理需求与感受，选择一些大众接受度高的表达方式。

4.激励、鼓动

赞美、宣传、演讲、洽谈、演讲、请求等，都属于激励、鼓动他人目

标范畴。当我们发表此类言论时，应以能够坚定人们信念、振奋人们精神的表达方式来沟通。

5.增进关系

增进了解、亲密关系，是最平常，也是最普遍的沟通目的。生活中，朋友之间的闲时小聚，亲友之间的闲话家常，同事之间的侃侃而谈，恋人之间的呢喃细语，很多时候，我们并没有什么刻意的目的，并没有什么必须完成的目标，只是为了在平淡的交流中更加了解、熟识彼此，让彼此之间更加亲近、更加信任。进行这种沟通时，只要本着彼此尊重、互相理解的原则，我们不妨坦率一些、真诚一些。

知识点链接

“有的放矢”一词，源自宋代叶适的《水心别集 · 十五 · 终论》，原句为：“论立于此，若射之有的也，或百步之外，或五十步之外，的必先立，然后挟弓注矢以从之。”

叶适，字正则，号水心居士，南宋著名的思想家、文学家、政论家，温州永嘉（今浙江温州）人，著有《水心先生文集》《水心别集》《习学记言》等。叶适生于浙江瑞安，后久居永嘉水心村，世人称其为水心先生。其逝世后，朝廷增光禄大夫，追谥“文定”（一说忠定），因此人们又称他为“叶文定”“叶忠定”。

叶适是永嘉学派的集大成者，主张功利之学，反对空谈性命，并对朱熹的相关学说提出批评。永嘉事功学派与当时的理学派（代表人物朱熹、程颐、程颢等）、心学派（代表人物陆九渊）并列为“南宋三大学派”，均对后世有着深远的影响。而永嘉学派的主张，也被认为是温州创业精神的思想源头。

勤于锻炼，不放过每一个练习的机会

子曰："学而不思则罔，思而不学则殆。"这个道理若用在口才培训上，我们大致可以将其改为："学而不练则罔，练而不学恐殆。"通过前文的介绍，相信在大家心中，学习、积累对于提升口才的重要性已经不言而喻；然而，练习、实践对于提升口才来说，更有着不可忽视的必要性。

美国著名心理学家和演讲家爱德华·威格恩，并非天生就是能言善道之人。从小，爱德华就对当众发言十分惧怕且抗拒。他曾这样形容小时候的自己："当演讲的日子快来到时，我就会像生病一样。每当我一想到那件可怕的事，我的血就冲上脑门，脸颊就像烧起来一样，红得通透。每当这个时候，我就躲起来。如果实在没有办法，必须上台，那么我就尽力拖延，一定要做最后一个。我很不想引起哪怕只有一个人的注意，因为只要台下一有什么动静或反应，我就再也开不了口。"

这种情况，一直从爱德华的幼年延续到青年，直到他上大学时期，这糟糕的状况依旧没有改变。有一次，他不得已而作演讲，当他将演讲词背错，说出"亚当斯与杰克逊已经离世"时，他的脑中登时一片空白。他再也说不出话来，只能窘迫了鞠了一躬，然后在大家的哄堂大笑中，尴尬而难过地走回了自己的座位。之后，校长站了起来，说道："爱德华，这则悲伤的消息真是令我们震惊，不过，我们会尽量控制自己的哀伤情绪的。"这句话，无疑让大家的哄笑更加热烈，让爱德华更加难堪。

后来回想起当时的感受，爱德华直言"真想一死了之"。然而，就是这样一个曾经认为"演说家"是世界上最恐怖的职业的不善言辞者，最终却成为了演说家。大学毕业后，因为工作的关系，爱德华的心态慢慢有所好转，他渐渐有了战胜恐惧的信念。他开始了刻苦的锻炼，努力克服一切言语和心理上的障碍，不断练习演讲。不畏艰辛的付出为他带来了回报，他从逼迫自己开口，到主动开口与人交流，再到尝试当众演说，最后终于

将演讲变成了自己的事业。

俗话说，“实践出真知”。我们可以花费大量的时间阅读关于口才训练的书籍，聆听口才培训大师的演讲，但如果我们只学不练，从不开口，那么我们的口才依旧无法达到理想中的水平。敢于开口，是女孩拥有优质口才的第一步；勤于练习，是女孩能够口吐莲花的是必经之路。

良好口才养成攻略

那么，女孩该从哪些方面着手，锻炼自己的口才呢？

1.珍惜每一次集体活动的发言、学习机会

很多人都有过这样的烦恼：自言自语或是和亲友交流时，从没有过表达障碍，可是一到了公众场合，就变得笨口拙舌。无疑，他们的表达技巧并没有什么大问题，真正在作祟的是他们的心理。在集体活动中积极发言，不仅是为了锻炼随机应变的口才，更是为了锻炼发言者的心智与胆魄。如果本身存在一定的表达问题而无关心态，那么，就要在集体活动中仔细观察那些发言者，用心从他们的言谈举止中学习经验。

2.主动多与他人交流

俗话说熟能生巧，对于一项技能，我们只有练习得足够多、足够好，才能牢牢掌握并灵活运用。在平日的生活中，我们应该主动多与他人交流，常开口才能多进步。若实在羞于表达，或是担心自己笨拙的言辞会令他人厌烦，那么不妨先以熟识的亲友为锻炼对象，请求他们的配合、包容与指导。

3.一个人时也可以练习

孤身一人时，同样可以练习口才。对着镜子练习，改善自己说话时的肢体语言和面部表情；用录音设备录下自己的演讲，仔细聆听自己的语调、语速、停顿、轻重音等，从中找出存在的问题。随着错误的不断改善与问题的不断减少，我们的自信也会逐步增强，日后与他人交流或是在众人面前发言时，便更加胸有成竹，谈笑自若。

知识点链接

“胸有成竹”一词，出自宋代苏轼所著的《文与可画筼筜谷偃竹记》一文，原句为：“故画竹，必先得成竹于胸中。”

《文》是一篇悼念性的记人散文，是苏轼为好友兼表兄文同的《筼筜谷偃竹》画卷所写的一篇题画记。

文中提到的文与可，即文同，字与可，号笑笑居士、笑笑先生，人称石室先生，因曾在湖州任官，因此世人又称其为文湖州。北宋年间著名的画家、诗人，梓州梓潼郡永泰县（今属四川绵阳市盐亭县）人。文同以才学闻名于世，擅长诗文书画，深得司马光、文彦博等人的青睐，他的表弟苏轼更是十分推崇他。

第11章

莫论长与短：避开你赢不了的争论

生活中，每个人都避免不了与他人的观点产生分歧，也避免不了因此而产生的摩擦。有人为此而争论，有人为此而较劲。然而，生活不是辩论赛，人际关系更不是靠这种争辩来融合的。在这种争论中，没有畅快淋漓的赢家，只有似得实失的输家。或许，你可以凭借你能言善道的口才与咄咄逼人的气势将对方辩驳得体无完肤，但你也因此失去了对方的友谊，失去了你在众人心中的美好印象。因此，凡事莫与他人论短长，女孩要懂得避免与他人争论，要学会用一些巧妙的方式，让别人接受你的观点、同意你的看法。同时，女孩也要善于自省，在深刻的反思中改进自己。当你自身的问题不断减少时，你与他人的矛盾与摩擦，自然也会减少；而你，也将成为一个更受人欢迎的人。

学会点头，别人将会更愿意顺从你

人生于世，每个人都是一个独立的个体，每个人也都需要融入社会之中。当作为个体时，每人都有自己独立的思想和自主的行为方式；当一个个独立的个体融入社会时，个体之间难免会产生分歧和摩擦，难免有各方都要坚持己见的时候。这时，有的人以沉默来抵抗，有的人以行动来争取，而真正的智者，会选择以适当的顺从来换取最后的胜利。

大学毕业已经5年了，一心要在大城市打拼的小雪，如今依旧在深圳的某家小公司里跌摸滚爬，勉强糊口。她自己心里有苦难言，更怕父母越来越严厉的逼返逼婚，每年的新春佳节，这个举家团圆的日子，就快要变成她的梦魇。

这年春节假期，她又提醒吊胆地回到家乡。除夕夜的晚上，一大家子人聚在一起，享用完年夜饭后，大家便围在电视机前看春晚。小雪嫌人多吵闹，就去书房在电脑上观看。看了一会儿，大伯走了进来，给她送来了零食和饮料，笑着说，“我知道，你们年轻人玩电脑时最喜欢吃这些。”

小雪不好意思地接过来，冲大伯吐了吐舌头。

“小雪啊，怎么比去年又瘦了，黑眼圈也更重了。一个人在深圳还行吗？”见她低头不语，大伯又说，“挺好，趁着年轻时候闯一闯，不然老了连点值得骄傲的事儿都没有，那还年轻个什么劲儿，你说是不是！”看见她不住地微微点头，大伯又笑了，“你别看大伯长你爸好几岁，心可比你爸年轻，看着你这样有冲劲儿的年轻人就喜欢，青春嘛，就是用来流血

流汗的。大伯现在也学习上网，学习新知识，接受新思想呢！”

“是吗？大伯，在网上都关注些什么？”小雪的兴趣陡然被提了起来。

“我呀，因为自家的侄女在外拼搏，所以特别关注那些北上广深的追梦青年。可是我看人说，1000个追梦的人，可能只有1个人能成功，你说这比例吓人不？”观察着小雪的脸色，大伯又说，“最近我看新闻，深圳的房价，用你们年轻的人讲，真是要上天啊！小雪，咱们实事求是，掏光你爸妈的老底儿，再加上你自己努力，你能在深圳买得上房吗？没有自己的房，东飘西荡，连家也不敢成，是不是？”

见她重重地点头，大伯趁机说，“每回我带着孙女来你家玩，你妈都抱着舍不得放手。你看，大伯我当年结婚晚耽误了，我那臭小子比你还小5岁，如今都有孩子了，这也不能怪你爸妈着急啊！你也得体谅一下他们，是不？”

“大伯，这事儿也不是着急就能办成的。”小雪嗫喏地回了一句。

“那肯定是急不得。但是，不急，也不能一直耗着啊！年轻人的事，我从来主张让你们自己拿主意，长辈不要干涉。大伯不催你，就是想啊，要是你能回来，一家人都在一块儿，那多好啊！这几年，我们这个小城发展得飞快，招商引资办得红红火火，跟你专业对口的工作机会越来越多。你回来了，找份好工作；买个自己的房子，踏实地住；处个好对象，踏实地过；生个宝宝，让你爸妈整天围着转，这日子，大伯想想都替你美得慌！”

小雪没有再说话，陷入了沉思。春节之后，她辞去了深圳的工作，回到家乡，首先找到一份前景不错的工作，新生活，就这样开始了。

适当的顺从，不是要女孩一味地点头称赞，毫无底线地妥协退让，而是要女孩以坚持自己的原则并且顾全大局为最终目标，以机智的方式作出适当的让步。当双方观点不同时，争吵或激辩只会让对方更加顽固，这个时候，女孩不妨适度地点一点头，先肯定对方的部分观点，获得对方的好感与信任，然后再巧妙引导，一步一步地将他带领到你的轨道上来。

良好口才养成攻略

那么，在试图说服他人的过程中，女孩该如何灵活运用“点头”这个技巧，一步一步地“请君入瓮”呢？

1.悉心“藏起”自我意识

张口闭口“我觉得”“依我看”，是人际沟通的大忌。过度表达自我主观意识，会让对方对你敬而远之，很难对你产生好感和信任。每个人都有自我，但你若一味只知自我，又让别人如何自处呢？因此，在与人沟通时，多用“您认为如何”，远比“我的意见是”更能收获良好的交际效果。

2.肯定他的部分观点

当双方观点不同甚至相悖时，女孩应先展现出自己客观公允的态度，表示自己能够理解对方的哪些观点，并对这些观点给予适当的肯定和赞美。适当的点头能够缓和已经出现的矛盾，化解对方的对抗心理，转而信任你、接近你。你对于他的赞美，对于他部分观点的肯定，会让对方觉得你们的关系更像战友而不是敌人，这样一来，对于你后面提出的观点，他也更容易接受。

3.保持住你的温和诚恳

语气温和，态度诚恳，是女孩在说服他人时需要长久维持的状态。当双方各执一词时，从对方的感受来说，你的语气、态度的强弱，代表了你心里对抗程度的强弱。温和的语气，让你不露一丝敌意；诚恳的态度，让你的所有话语在对方听来是商讨而不是命令。当对方从你的风度里感受到尊重后，通常也会以尊重来回报你。

知识点链接

“请君入瓮”一词，最早出自唐代小说家张鷟所著《朝野佥载·周兴》，原句为，“即索大瓮，以火围之，起谓兴曰：‘有内状勘老兄，请兄入此瓮。’”

这一典故，源自女皇武则天时期。武则天执政时期，为了镇压反对者、巩固皇权，她启用了一批酷吏，其中以周兴和来俊臣最为酷烈狠辣。他们平白罗织罪名诬陷他人，并用灭绝人道的酷刑屈打成招，戕害了许多官员和百姓。有一天，武则天接到一封告发周兴谋反的密信，大怒之下，便令来俊臣彻查此事。来俊臣深知周兴阴滑狡诈，区区一封告密信绝撬不开他的嘴。他苦想半天，生出一条“妙计”。他备好酒席请周兴来家里做客，席间假意请教周兴，问他若遇到宁死不招的囚犯该如何是好。周兴便教他用炭火在四周烤大瓮，然后让犯人进入这个大瓮，如此，犯人便必定招供。来俊臣听了连声称秒，随即命人按照周兴的办法将一切置备妥当，然后对周兴说：“现在有人告你谋反，皇上命我彻查。现在，还请老兄自己钻进这个瓮里去吧！”周兴听了，当即跪地不起，连声认罪。后来，人们便用“请君入瓮”一词，比喻用某人的方法对付他自己，也借指设计好圈套让人往里钻。

含蓄表达，滔滔不绝不如举个例子

生活中，当我们面对他人的之质疑、辩驳、指责等言语时，很多时候难以直接表达自己内心的真实想法。这时候，我们不妨灵活一些，向对方举个例子，或是为其讲个故事，含蓄地暗示出自己的观点或想法。

大家非常熟悉的“一鸣惊人”这个成语，最早见于《韩非子·喻老》。文中写道，春秋时期，楚庄王熊旅即位后，在其统治国家的三年间，没有发布一道政令，没有做出一点政绩，整日只知沉湎于声色犬马之中。右司马伍举觐见庄王，问了他一个谜语："在南方的阜山上，有一只大鸟，三年不展翅，不飞也不叫，默然无声，请问大王，这是什么鸟？"

庄王闻言答道："三年不展翅，是为了等待羽翼丰满；不飞不叫，是为了观察百姓的态度。虽然这只鸟眼下还没有飞，但将来必然一飞冲天；虽然这只鸟眼下没有鸣叫，但将来必定一鸣惊人。你放心，寡人明白你的意思。"

其实，庄王并非昏庸之辈。他少年继位，面对紊乱的朝政，羽翼未丰的他选择了韬光养晦。他表面上沉迷酒色玩乐，实则在暗中等待时机。果然，在伍举进言半年后，庄王开始临朝听政，废弊政，诛奸臣，楚国朝政为之一新。庄王在位的22年间，知人善任，整顿朝纲，兴修水利，重农务商，楚国在他的治理下渐渐强盛起来，成为春秋五霸之一。

有些时候，直截了当的回答可能会带来消极的后果，比如，对方不接受、不相信，或是影响现场气氛，或是伤害双方感情等。因此，用一些具有代表意义的事例来表达观点，不仅可以避免直接回答可能造成的尴尬，还可以加强你的观点的说服力，令对方更容易接受。这就要求女孩在平时多留心一些典型的事例，或是发生在身边的真实事件，或是社会上的重大新闻，或是名人事迹，或是历史故事，这些，都可以成为女孩含蓄表达的谈资。

良好口才养成攻略

那么，我们在运用举例子的方法委婉表达观点时，应该注意哪些方面呢？

1.隐晦一点，对方更好接受

使用事例来阐述自己观点，本就是为了使语言更加委婉，令对方更容

易接受，维护双方之间的情谊与颜面。因此，在举例子时，无论你所要暗示的是什么，表达一定要隐晦一些、含蓄一些，不可在举例子的同时直接声明自己的观点和意见，这样，之前所做的一切便付之东流，毫无意义。

2.典型一点，对方更易听懂

以举例的方法表达观点时，需要选择那些典型的、具有代表意义的事例。上述事例中，伍举所举的例子就十分恰当，具有典型的代表性。大鸟不飞不叫，象征着楚王的不作为，令楚王一听就明白他的意思；而楚王的回答，也借着大鸟作比，表明了自己的雄心壮志，给了这位忠心之臣一个满意的交代。

3.适度一点，对方更有兴趣

我们常说，凡事有度，适可而止。物以稀为贵，任何一件事物，当它出现的频率增多，人们就会渐渐地不以为然，乃至于慢慢厌烦。通过举例子、讲故事的方式劝解、引导他人，对方乍听之下，颇有新鲜之感，容易接受你的好意。但如果什么话都要举个例子来证明、来暗示，便难免令人心生厌倦。

知识点链接

“滔滔不绝”一词，出自五代后周的王仁裕所著的《开元天宝遗事·走丸之辩》，原句为：“张九龄善谈论，每与宾客议论经旨，滔滔不竭，如下阪走丸也。”

王仁裕，字德荤，秦州上邽（今甘肃天水）人。生于唐僖宗年间，身处唐末至五代十国的大分裂时代，曾前后在前蜀、后唐、后晋、后汉为官，官及翰林学士、户部尚书、兵部尚书、太子少保。王仁裕一生著作颇丰，史书记载他“有诗万余首，勒成百卷”。除了著有《秦亭篇》《锦江集》《归山集》《入洛集》《南行记》《紫泥集》《华夷百题》《西江集》等共685卷，还撰有《周易说卦验》3卷，《转轮回纹鉴铭》22样。因

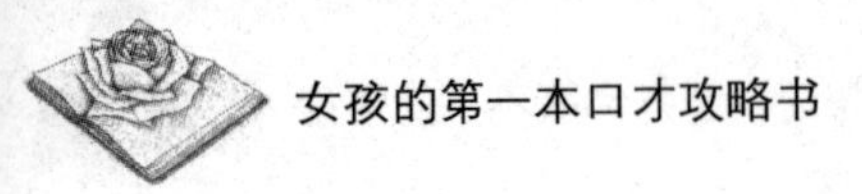

著述甚多，唐以来少有能与其比肩者，故时人称其为“诗窖子”。

给人台阶，受益的终将是我们自己

生活中，我们经常看到一些“耿直”的人，双方为了一些矛盾或分歧而争得面红耳赤，谁也不肯相让，最终不欢而散。有时看似某一方占得上风，实则双方都已处于一种尴尬的境地，谁也没有说服对方，谁也没有征服对方，谁也没有真正的台阶好下。其实，想要说服对方，并不一定要据理力争。有些时候，我们主动退让一步，反而会收到意料之外的效果。

廉颇和蔺相如的故事，千百年来传为佳话。故事中蔺相如那谦谨的风度，更是让古往今来的人们交口称赞。

战国时期，赵国惠文王无意中得到了和氏璧。秦王听闻，假意以十五座城池换取和氏璧。蔺相如受命使秦，最终凭借自己的才智和胆略不辱使命、完璧归赵。不久后，秦王、赵王渑池相会，蔺相如又随机应变，据理力争，为赵国在强秦面前赢得了尊严。此后，蔺相如深受赵王重用。

赵国大将军廉颇因此深感不满，于是经常在他人面前贬低蔺相如，还放话说如果遇到蔺相如，定要叫他“好看”。

这些话传到蔺相如耳中后，他非但没有动怒，反而主动“退避三舍”，处处躲着廉颇，连他手下的人也被命令要对廉颇的下人以礼相待。下人心中不解也不服，便问蔺相如为何权位高于廉颇却还要处处退让。蔺相如表示，这并不是因为怕廉颇，而是为了防止赵国内耗。他和廉颇犹如两只猛虎，震慑着秦国。为了维护国家的利益，他不能与廉颇计较。

蔺相如的话，宛如给了廉颇一顿当头棒喝，令其幡然醒悟：他将廉颇与自己等同视之，也给了廉颇一个大大的台阶。廉颇负荆请罪，向蔺相如赔礼，两人就此冰释，并成为莫逆。在二人的共同辅佐下，赵国十年未受

强秦骚扰。

如果想要说服的对象是我们的亲人、朋友，很多人都会主动地放下身段甚至偃旗息鼓，不断地告诉自己事缓则圆，愿意在日后以一种温和的方式令对方信服。其实，在社交中面对不熟之人甚至是“敌人”时，女孩更应该主动为对方保留面子，给对方铺设台阶。你的宽容、你的体贴，会让更多的人感受到你的善意，感受到你那巾帼不让须眉的宽广胸怀。

良好口才养成攻略

女孩在人际交往中，应该从哪些方面着手，才能更好地为人留面子、铺台阶呢？

1.把自己当成别人去思考

人与人之间的很多矛盾，大抵产生自“我就是真理”和“你满嘴歪理”。其实，当我们抱怨别人“不懂事”“不讲理”时，我们的立场就一定正确吗？即便我们的观点无误，对方的观点就一定是谬论吗？所以说，只有当我们能站在对方的立场思考，体会对方的心情和处境时，才能给予对方更多的包容和理解，才能及时停止战火，以和平的方式解决争端。

2.把别人当成自己去对待

“我凭什么那样待你”和“你凭什么这样待我”，也是人们之间的矛盾之源。如果每一个人都能把别人当成自己那样去理解、去包容，世上的很多摩擦和分歧便不复存在。当然，要所有人都做到待人完全如待己，并不现实。但至少，我们可以尽量善待他人、理解他人，在他人的立场上体会他人、包容他人。你的善意即使换不来对方同等的回报，至少能够消除他的抵触情绪，让说服工作变得顺利。

3.看清具体情势再出手

当双方陷入争执时，局面很容易因为双方激动的情绪陷入紧张。这个时候，女孩不能指望对方先缴械，而应先让自己的情绪平复下来，继续的争执无益于问题的解决，更无益于你的人际关系。而平复情绪后的下一步行动，则应根据对方的情况的来判断、选择。若对方情绪仍较为激动，女孩不妨按兵不动，以一种温和的态度等待他平息；若对方的情绪也得到缓解，女孩应及时主动示好，提出更好的建议解决争端。

知识点链接

“事缓则圆”一词出自《荡寇志》，原句为：“看来此时，事宽则圆，急难成效。”事缓则圆的意思是遇事时不要急于求成，慢慢地想办法应对，总能得到圆满的结局。

《荡寇志》是清代小说家俞万春对《水浒传》的续写，因此又称为《结水浒传》或《结水浒全传》。近年来，有学者提出，《荡寇志》是中国第一部带有科幻色彩的小说，可以称为中国科幻小说的开山鼻祖。书中描写的沉螺舟，是一种大型潜艇，比法国作家凡尔纳《海底两万里》中描写的潜艇早“问世”几十年；而书中的奔雷车，则与现代装甲车有许多相似之处。

一针见血，解决问题何须无谓赘言

西方有句谚语，叫作“谁能笑到最后，才是笑得最好”。生活中，我们经常遇到这样的情况：当某人唾沫横飞地阐述观点、表明立场、争论问题时，当他自以为这种压倒性的优势足以令他赢得这一场胜利时，却被对方一句简单的话、一个温和的微笑打败。这时他才明白，自己赘述再多，也不如对方那一针见血的关键之语。

肿瘤科病房里，患者小王的母亲又和医生大李纠缠起来。此时恰值主任巡查，他在门口听了半天，大李依旧无法解决王母的问题、平复王母的

情绪，主任终于忍不住，敲门将大李叫了出来。

“怎么回事？这个患者不是后天就要手术了吗？怎么今天家属还在闹，还不同意手术？”

“患者的父亲已经决定手术，但母亲一直不同意。他们俩在家里吵不出结果，就来医院跟我闹。”

“那位母亲是担心手术的风险吗？你没跟她说清楚手术的利弊吗？”

“说了，该说的我都说了。我还告诉她，如今她女儿要做的手术技术早就很成熟，成功率已经能达到90%，可是她还是坚持不让女儿做手术。她说自己的母亲就是得了同样的病，死在手术台上的。”

“原来有这样的抵触情绪。”主任想了想，拍了拍大李的肩，“你先去其他病房看看吧，我来劝劝这位母亲。”他进了病房后，先冲王母笑了笑，然后自我介绍道，“您好，我是肿瘤科的主任医师，令千金后天的手术，也是由我主刀。”

王母一愣，局促地笑了笑，然后搓着手说，“对不起，我们决定还是不手术了，通过化疗来治吧。”

“对于令堂的不幸，我深表遗憾。但是，我也想请您记住一点，就是令千金眼下的情况。现在她已经产生了耐药性，除了手术，还有更好的办法吗？您是为了挽救她的生命，才忍心看着她因为化疗吃了这么多苦；我们身为医者，难道不懂得选择最合理的治疗方法来救她吗？”

王母听了，低声啜泣起来。两天之后，主任从手术台上下来，满脸疲惫却又欣慰地告诉王母，手术很成功。

面对所有问题，我们只有找到它的症结所在，才能彻底将其解决。同样，面对各种话题，只有点出它的关键之处，才能在沟通中掌握主动权，令交流的走势朝着我们希望的方向行进。在与人交际的过程中，女孩要学会把握问题关键，有的放矢，一语中的，干脆利落地解决问题、化解纷争。

良好口才养成攻略

那么，女孩在一针见血地解决问题时，应该注意哪些方面呢？

1.选对时机很重要

想要简单痛快地解决话题、结束纷争，一语中的的言谈内容很重要，对于发言时机的把握也很重要。正如故事中的那位主任，他选择的时机就是女孩已经产生了耐药性，不适合再采用化疗的方式治疗。如果不是这个原因，相信无论主任从多么专业的角度、说多少合情合理的话，都很难劝服那位心中有着巨大阴影的母亲。

2.时刻准备着时机的到来

当形势不利于我们时，我们只能忍耐，静下心来等待着最佳时机的到来。在等待的过程中，我们也不能麻痹大意、听之任之，须保持警醒，时刻判断局势的变化，一旦感到时机成熟，立即作出回应，如此才能把握住稍纵即逝的最佳时机。

3.最后阶段强化影响

在你作出回应的最后阶段，在你发言的最后几句，你需要采用相应的态度和言辞，强化你的话语给对方造成的影响，让你的观点更加冲击他的自以为是，让你的意见更易粉碎他的顽固不化。

知识点链接

“一针见血”一词最早源自南朝宋国范晔所著的《后汉书·郭玉传》，原词为“一针即瘥”，本义是形容医生医术高明，后逐渐引申为说话直截了当，切中要害。

范晔，字蔚宗，南朝宋国史学家、文学家，顺阳（今河南南阳淅川）人。他出身士族，自幼便博览众书，善文，通音律；及至长成，才华超众。其作品除被列为前四史之一的《后汉书》外，还有集十五卷，《齐职

仪》五十卷，《和香方》一卷，《杂香膏方》一卷，《百官阶次》一卷，惜均散佚。现今仅存《后汉书》《双鹤诗序》《乐游应诏诗》。

《后汉书》是一本纪传体史书，全书分为十纪、八十列传和八志，主要记载了东汉年间的历史，起于汉光武帝建武元年（公元25年），止于汉献帝建安二十五年（220年），前后共195年。

你追我赶，有竞争才有更大的进步

对于竞争，人们往往表现出不同的态度，有的人回避，有的人厌恶，有的人奋进，有的人担忧，有的人垂头丧气，有的人咒骂不绝，有的人迫不及待，有的人提心吊胆……其实，无论表面上对待竞争的态度如何，每个人的心里，都住着一个“角斗士”。

心理学家通过研究发现，竞争意识，是人们与生俱来的天性。每个人都认为自己是优秀的、强于他人的。当人们各自的利益发生冲突时，就会不自觉地开始较劲。这些引起竞争的利益，可能是事业，可能时金钱，可能是爱情，可能是名誉，也可能是众人面前的那一点“面子”。因此也可以说，争论、分辩，本身就是一种竞争。

某家冰箱厂效益一直难以提高，这让工厂的高层伤透脑筋。新厂长到任后，听说了情况，便来到车间视察。

他问正准备下班的白班工人今天生产了几台冰箱，得到的答复是“6”，于是他在车间的黑板上写下了“6”。

夜班工人到来时，听说了情况，总觉得那个“6”字十分刺眼。一个晚上过去了，清晨时，他们擦去了那个“6”，骄傲地在黑板上写上了“8”。

白班工人一看黑板就明白了，他们也被激起干劲儿，在下班时用一个“10”作出了回应。

就这样，不停变换的数字，让工厂的效益显著提高。工人拿到更多的薪水后，工作热情也再度提高。

竞争，或许给我们带来了压力，但也为我们带来了动力。就像黑板上的数字为工厂和工人带来了切实的利益，当我们试图说服他人、赢得这一场观念竞争的胜利时，我们已经在彼此的切磋中增长了自身的见识、认识到自身的不足，并且会主动“充电”，弥补不足的同时也为下一次的竞争作好准备。竞争让女孩在这个飞速发展的社会中的压力变得更大，却也给了女孩更多的机遇和无限的可能。

良好口才养成攻略

社会生活中，女孩应当怎样看待竞争和对手呢？

1.感谢对手

是对手的强大，督促我们不断完善自身；是对手的勤勉，鞭策我们不断前行。因为对手的存在，我们不断努力，不断进步。对手是我们成功路上的绊脚石，也是我们成功路上的垫脚石。每一个优秀的对手，都值得我们真心地尊重与感谢。当女孩懂得感谢对手时，她在竞争中就已经不落下风。当女孩真正尊重对手时，她已经获得了一个难得的良师益友。

2.正视竞争

竞争，是合作的另一种形式；合作，是竞争的最理想境界。如果说竞争能够激发人们无限的潜能，那么合作就能让人们创造出无限的可能。从某种意义上来说，良性竞争就是合作。是竞争让我们跑得更快、走得更远。女孩学会正视竞争，才能在竞争中获得力量、获得成长。

3.提升自己

学会感谢对手、珍惜竞争的前提，是要有一个良好的心态，而一个屡战屡败的人，是很难维持心境的平和的。因此，在竞争中，女孩除了要及时调整好自己的心态外，更要不断地提升自身的能力，让自己能够从容不

迫地应对竞争。

知识点链接

心理学家曾经针对人类的竞争心理做了一个实验。在实验中，众多的受测者每两人分为一组，两人被要求分别在自己的纸条上写出自己想要得到的钱数，并且不能事先商量。如果两人写的金额总和不大于100元，那么心理学家则付给两人各自写的钱数。如果两人写的总和大于100元，则由两人向心理学家支付自己写下的金额。

结果，心理学赚得“盆满钵满”，只有几组人获得了心理学家的奖励。之所以出现这个现象，就是由于人们的竞争心理导致的。大部分人都不愿意自己拿到的钱比另一人少，那么写下的数字自然都不会小于50。

敢于认错，女孩别总为自己找借口

闻名遐迩的美国西点军校，有一条经典的校训：“千万不要纵容自己，给自己找借口。”西点军校的所有师生，都坚持信守这条校训，并让其成为了一种传统。在这种传统、这种理念的熏陶下，西点人学会了不为任何事情找借口，学会了尽一切可能完成每一项任务，学会了勇于认错。而这，也是西点人获得事业成功、人生幸福的基础。

会计科的敏敏，最近真是流年不利。家里一堆琐事不提，已经订婚的未婚夫又临时变卦，撕毁婚约，她自己大病一场，还未痊愈，就被业务繁忙的科室召回去加班。结果，忙中出错，她又错将全额的薪水发给了长期病假的周波。

发现错误后，敏敏首先想到的就是老板那张心平气和时都能骂员工半小时的嘴。然而，这么重大的错误，她也不能将错就错，就这么糊弄过去。想了又想，她先来到了周波的家。

简单的寒暄后，她向周波说明了情况，并且表示需要从下次的薪金中扣除多发的款项。周波对此大为不满，他直言这样的做法会令自己的财务状况陷入困境。否决了敏敏的提议后，他表示希望能分期扣除多发的金额。敏敏没有这样的权利，她明白，自己必须面对老板了。

她来到老板面前，坦诚了自己的错误，并且转达了周波的意愿。不出所料，老板果然骂起人来，只不过这次不再心平气和，而是暴跳如雷。他骂着骂着，又找来会计科的科长一顿斥责。敏敏赶紧站了出来，表示这是自己一个人的错，愿意一力承担。老板停住了口，盯着她看了半天，终于点了点头，一挥手说道："好吧，既然你说这是你一个人的错，那么就由你自己来处理吧！"

令敏敏意想不到的是，这次事件，非但没有令她失去工作，反而让她获得了老板的赏识，受到了重用。

《左传》中说："人谁无过，过而能改，善莫大焉。"而改正错误的第一步，就是认识错误、承认错误。承认错误不仅能让自己及时挽救损失，也会让自己在他人心中的形象得到尽可能的维护甚至是升华。勇于认错，是一种品质，更是一种智慧。

良好口才养成攻略

女孩犯了错误后，应该怎样做，才能及时挽救自己的过错和形象呢?

1.抛开"面子"

有些人在犯了错误后，并不是没有意识到，往往是因为"面子"问题而不敢承认、不肯承认。殊不知，就在他们百般狡辩和遮掩的同时，他们已经失去了弥补错误的最佳时机，也损害了自己在他人心中的美好形象。犯错后，女孩非但不应该遮掩、辩解，反而应该真诚、大方地承认错误并

承担责任。这样不仅有利于解决问题，更有利于人际关系的维护。

2.摆正态度

承认错误只是开始，女孩千万不能认为就此万事大吉。承认错误后，女孩要及时端正态度，积极改正，努力将错误造成的恶劣影响降到最低。这个世上能及时发现错误的人很多，勇于认错的人也不少，但真正落实到行动上、一丝不苟地更正错误的人的数量，却寥寥无几。那么多人一生庸庸碌碌，无所作为，就是因为他们永远是语言上的巨人，行动上的矮子。

3.吸取经验

经验、教训，是我们用之前的生命累积下的宝贵财富，是我们每个人前进、成长的阶梯。错误，人人都有会犯，之所以它对每个人造成的影响不同，源于各人对于经验、教训吸取的态度和程度。我们不可能不犯错，但我们可以尽量让自己“不贰过”，这也是曾经的失意对于我们的意义。

知识点链接

美国田纳西银行前总经理L·特里有一句名言：“承认错误是一个人最大的力量源泉，因为正视错误的人将得到错误以外的东西。”这句话主要强调的是“敢于认错”这一行为本身具有强大的力量、巨大的价值。后来，人们将特里这句话中包含的哲理总结为“特里法则”。

目前，特里法则在各个方面都有广泛的运用。尤其在企业管理中，特里法则有着不可撼动的地位。企业想要生存，想要发展，就要有认错的勇气，否则只会遭受更大的损失和失败。对于我们个人来说，也应该借鉴特里法则中蕴含的道理。在日常的人际交往中，勇于认错，是我们每个人都应当具备的品质。只有勇于认错，才能更容易地获得他人的谅解和帮助，从而挽救错误，并维护自己的形象。

参考文献

[1]彭凡.女孩百科——完美女孩的口才妙方[M].北京：化学工业出版社，2014.

[2]崔挚妍.女人受益一生的12堂口才课（畅销升级版）[M].北京：化学工业出版社，2014.

[3]艾静.我最想要的女人口才书[M].北京：海潮出版社，2011.

[4]戴尔·卡耐基.女人受益一生的口才课[M].雅楠 译.苏州：古吴轩出版社，2014.

[5]池雨秋.好口才造福女人一生[M].北京：中国纺织出版社，2009.